KB002794

10대를 위한
쇼펜하우어

흔들리는 길 위에서
나만의 목적지를 찾아가는 방법

10대를 위한
쇼펜하우어

김현태 편저

레몬북스
lemon books

청년기에는 기억이 가장 강렬하고 가장 오래 남기 때문에
기억에 특별세를 부과해야 한다. 그러나 무엇을 기억할 것인가를
선택하는 데 있어서는 최고의 주의력과 선견지명이 필요한데,
청년기에 습득한 교훈은 평생 기억되기 때문이다.

- 쇼펜하우어(1788~1860)

Prologue

내가 정한
방향을 향해
나만의
속도로 가자!

10대는 새로운 경험과 발견의 시기입니다. 이 시기에 사람들은 자기 정체성과 세계를 이해하는 여러 가지 방법을 탐구합니다. 학교, 친구, 가족 또는 외부 활동을 통해 새로운 관심사를 발견합니다. 예를 들어 새로운 취미나 운동을 시작하거나 예술이나 음악에 관심을 갖게 됩니다. 그리고 새로운 문화를 탐험하거나 자원 봉사와 같은 봉사 활동을 통해 새로운 시각을 얻을 수도 있습니다.

때로는 모든 일이 순조롭게 진행되기도 하지만 반대로 실패와 실수를 겪을 수도 있습니다. 그렇다고 실패 앞에 좌절할 이유도 없고 주눅이 들 필요도 없습니다. 그 과정을 통해 자신의 강점과 약점을 알아가고 내가 정말로 원하는 것이 무엇인지 찾아가면 되니까요.

10대는 속도와 방향의 시기입니다. 삶은 각자의 속도로 흘러갑니다. 한 사람의 삶이 빠르게 달려가면 또 다른 이의 삶은 천천히 걸어갑니다. 조급할 이유도 없고 자꾸 불안해하지 않아도 됩니다. 자신만의 인생 시간표에 맞춰 한 걸음 한 걸음 지속적인 힘으로 전진하면 됩니다. 진정한 성장을 위해서는 '남보다'가 아니라 '전보다' 더 나아지는 사람이 되면 됩니다. 또한 우리는 서로 다르게 생겼듯 모두 서로 다른 길을 가고 있습니다. 그 길에서 우리는 누군가의 영감이 될 수 있고 또 누군가로부터 영감을 받습니다. 목적지를 정확히 정하고 각자가 정한 그 방향을 향해 담대하게 진행하면 됩니다.

여러분이 앞으로 살아갈 인생에 대해 계획하고 행동하고 성취하는 데 작게나마 도움을 주고자 이 책을 엮었습니다. 인생이라는 명제 앞에서 깊이 사유했던 쇼펜하우어, 톨스토이, 파스칼, 발타자르 그라시안, 아우렐리우스 등의 철학자들의 생각을 흡수하고 조합하고 비틀어 여러분의 눈높이에 맞게 새 틀에 담았습니다. 또한 그들의 생각에 부족하나마 필자의 느낌을 곳곳에 덧붙였습니다.

그렇다면 사색과 꿈 그리고 더 나은 내일의 여정으로 함께 출발할까요?

김현태

Contents

Prologue
내가 정한 방향을 향해 나만의 속도로 가자! 6

Part 1

목적을 정한
삶의 가치

01 목적이 없는 배는 매일 흔들린다 19 • 02 어떤 삶을 살지 늘 고민해야 한다 21 • 03 새로운 삶에서 새로운 나를 만나야 한다 22 • 04 아직도 보여주지 않는 가능성이 있다 24 • 05 강한 의지력이 미래를 지켜준다 26 • 06 자신의 삶을 거부하지 않아야 한다 28 • 07 희망은 한 개만 있어도 충분하다 30 • 08 약간 앞서가는 목표를 정해야 한다 32 • 09 자기가 좋아하는 일을 선택해야 한다 34 • 10 자신의 재능과 성향을 파악해야 한다 36 • 11 우리의 삶은 한 편의 소설과 같다 38 • 12 열쇠를 꽂아 돌려야만 문이 열린다 40 • 13 세상을 빛나게 하는 건 아름다운 실천이다 42 • 14 변화를 두려워할 필요가 없다 44 • 15 과거에게 붙잡힐 필요 없다 46 • 16 인생의 좋은 스승을 만나는 게 중요하다 48 • 17 게으름은 강력한 중독성을 갖고 있다 50 • 18 좋은 기운으로 우주 협력자가 되자 52 • 19 나는 어떤 사람인지 대답해야 한다 54 • 20 피하지 말고 정면 돌파하자 56

Part 2

세상을
살아가는
지혜

01 누구나 다 곡예사의 삶을 살고 있다 61 • 02 거친 파도도 언젠가는 잔잔해진다 63 • 03 작고 사소하다고 소홀하게 대하면 안 된다 65 • 04 감정을 다스리는 자가 성공한다 67 • 05 마음의 나이를 채워야 진정한 어른이다 70 • 06 존경받는 어른으로 성장해야 한다 72 • 07 선과 악을 구분할 줄 알아야 한다 74 • 08 인생의 변화는 언제든지 찾아온다 76 • 09 두 번째 인생을 산다고 생각하면 좋다 78 • 10 진정한 자유는 내 안에서 찾아야 한다 80 • 11 마음이 흔들리면 삶의 방향도 흔들린다 83 • 12 유혹을 분해하면 극복의 힘이 생긴다 85 • 13 비극은 극복하기 위한 과정일 뿐이다 88 • 14 신비로운 삶과 조화를 이뤄내야 한다 90 • 15 비가 온 후엔 반드시 해가 뜬다 92 • 16 마음은 아주 긍정적인 샘물과 같다 94 • 17 본질을 알려면 면밀히 지켜봐야 한다 96 • 18 최고의 여행지는 내 맘속이다 98 • 19 진정한 자유는 현재에 있다 100 • 20 후회 속에서 새로운 길을 모색해야 한다 104

Part 3

행복을
만들어가는
선택

01 만족은 행복의 가치를 좌우한다 109 • 02 인생은 지루하지만 위대하다
112 • 03 모든 것의 끝에는 반드시 시작이 있다 114 • 04 지금 이 순간이 바
로 행복의 시작이다 116 • 05 바르고 순수한 시선으로 세상을 봐야 한다
118 • 06 내가 귀하고 아름다운 존재임을 잊지 말자 120 • 07 육체 못지않
게 정신의 근육을 키워야 한다 122 • 08 괜한 걱정은 자신의 마음을 지치게
한다 124 • 09 자기감정을 조절하는 훈련이 필요하다 126 • 10 과거의 양
면성을 이해해야 한다 128 • 11 지식은 과시하려고 쌓는 게 아니다
130 • 12 오늘의 행동과 태도가 명예를 부른다 132 • 13 고난과 환락을 잘
이해해야 한다 134 • 14 가슴 뛰는 삶을 살아야 한다 136 • 15 위험을 대비
한 방어가 필요하다 138 • 16 질투는 가장 불행한 감정이다 140 • 17 스트
레스가 빠져나갈 통로가 필요하다 142 • 18 허세와 권위에서 벗어나야 한다
144 • 19 선택의 기준을 갖고 있어야 한다 146 • 20 돈과 권력이 인생의 전
부는 아니다 148

Part 4

사람을
이해하는
사색

01 사랑은 오고가는 따듯한 마음이다 153 · 02 누구나 사랑이라는 가치를
꿈꾼다 156 · 03 친구만큼 아름다운 단어는 없다 158 · 04 진정한 친구는
한 명으로 충분하다 160 · 05 신중하고 현명한 말이 필요하다 164 · 06 이
성에 대한 호기심은 자연스러운 거다 166 · 07 우정은 삶의 꽃을 키운다
168 · 08 생각지도 못한 인연이 있을 수 있다 170 · 09 아낌없이 주는 사랑
이 진짜 사랑이다 172 · 10 남자는 여자를 찾아 헤맨다 174 · 11 너그럽게
포용하는 게 필요하다 176 · 12 순수한 진실이라 말하기 어렵다 178 · 13
끼리끼리 모이는 건 당연하다 180 · 14 상대의 마음에 정성을 쏟아야 한다
183 · 15 보일러 같은 마음으로 다가가야 한다 184 · 16 당신은 분명 사랑
의 가치를 아는 사람이다 185 · 17 상처를 주고받으며 성숙한다 188 · 18
사람의 마음을 파악하기란 어려운 일이다 190 · 19 귀는 열고 입은 닫아야
한다 192 · 20 한번 내뱉은 말은 되돌아오지 않는다 194 · 21 따듯한 위로
가 상대를 변화시킨다 196

Part 5

삶과
나란히 걷는
배움

01 우주 만물의 주인은 우리가 아니다 201 • 02 보이지 않는 것에도 신경 써야 한다 204 • 03 그들은 벼랑 끝에서도 나를 위해 함께할 사람이다 206 • 04 스스로 결정하는 통찰력이 필요하다 210 • 05 섣불리 말하지 않는 게 중요하다 212 • 06 타인의 고통에 관심을 가져야 한다 214 • 07 잘못을 저지른 사람에 대해 생각해야 한다 216 • 08 용서는 쉽지 않은 일이다 218 • 09 모든 사람은 욕망을 갖고 있다 220 • 10 악한 자들에겐 오히려 강하게 나가야 한다 221 • 11 자신의 욕망의 본질을 점검해야 한다 224 • 12 나의 열매로 세상을 이롭게 하자 226 • 13 생각을 행동으로 옮기는 게 최고의 용기다 228 • 14 지식은 삶을 이해하고 조작하는 열쇠다 230 • 15 내가 먼저 나의 소중한 것을 줘야 한다 232 • 16 몸과 마음의 피로를 풀어야 한다 234 • 17 일과 휴식을 관리할 줄 알아야 한다 236 • 18 불행의 감정에 매몰되지 않아야 한다 238 • 19 육체적인 상처를 입지 않도록 하자 240 • 20 우리 모두는 자연의 일부다 242

목적을 정한 삶의 가치

불가능이라고 생각하는 것은 이미 실패한 것이다. 어려운 일이라고 느끼는 것은 이미 실패에 가까운 것이다. 결코 불가능한 일은 없다. 모든 일은 도전과 노력을 통해 이루어질 수 있으며 우리가 진정으로 원하는 것은 결코 불가능하지 않다.

- 넬슨 만델라

모든 진실은 세 가지 과정을 거친다.
첫째, 조롱당한다. 둘째, 심한 반대에 부딪친다.
셋째, 자명한 진실로 받아들여진다.

- 쇼펜하우어

목적이 없는 배는 매일 흔들린다

배를 항해하는 것은 인생을 살아가는 것과 닮았어요. 목적 없이 살아가면 마치 배가 목적 없이 바다를 항해하듯 무의미해져요. 인생에서도 목표를 갖고 살아가는 게 중요한데 목적 없이 살면 내가 왜 이렇게 살아가는지, 뭘 위해 웃고 말하는지조차 모르게 되죠. 이게 바로 무의미한 삶이라고 생각해요.

많은 사람이 95%의 것을 갖추고 있어도 목적이 없으면 마치 항해 중에도 조타기가 없는 배처럼 헤매게 되어요. 단순히 이러다가 항구에 도착하겠지라는 희망으로 바람과 파도에 몸을 맡기며 어디론가 표류하는 것과 다를 바 없어요. 이런 선박의 최후는 예상할 수 있어요. 대개 바위에 부딪치거나 거대한 파도에 휩쓸려 침몰하게 되는 거죠.

목적을 가진 배는 달라요. 목적이 있는 배는 최선의 방법으로 그 목표를 이루기 위해 항로를 정하고 어려움을 극복하는 능력을 키워가요. 목적을 가진 배는 동력을 얻어 조타기가 없는 배가 수십 년을 항해하는 거리를 단 몇 년 만에 달성할 수 있어요. 그리고 이런 배는 오랫동안 한곳에 머물지 않고 다음 목적지로 떠나요. 어떤 목표를 향해 가야 할지 이미 알고 있죠. 당신이 다음으로 향하는 항구는 어디인가요?

어떤 삶을 살지 늘 고민해야 한다

삶의 목적을 찾고 그것을 향해 나아가는 사람들은 독특함이 있죠. 그들은 자신의 위치를 알고 목적지까지 남은 거리도 계산합니다. 그리고 도중에 어려움에 부딪쳐도 두려움 없이 맞서고 자신이 맡은 일에 전념합니다. 그들은 목표를 향해 묵묵히 걸어갑니다. 그러다 보면 어느새 폭풍도 지나가고 목적지를 눈앞에 둡니다.

삶에서 승리하기 위해서는 목표와 목적이 중요합니다. 처음 시작할 때 목표를 정하고 내가 어떤 사람이 될지 생각하고 어떤 삶을 살고 싶은지를 결정하는 것이 중요합니다. 그리고 삶이 끝날 때 내가 떠나는 세상에 무엇을 남길지도 중요합니다. 이것이 인생을 승리하는 삶으로 펼치는 비결입니다.

새로운 삶에서 새로운 나를 만나야 한다

오랜 시간 동안 무엇이든 반복하다 보면 지루함을 느끼기 마련이에요. 심지어 웅변을 잘하는 연설가라 해도 말이 너무 길어지면 듣는 이들이 지루해할 거예요.

한 지역을 이끄는 영주나 한 나라를 다스리는 왕이 권좌에 앉아 매일 같은 일을 하다 보면 정말 지치고 삶이 단조롭고 지루할 거예요. 그래서 그들도 가끔은 쉬는 날에는 오락을 즐기거나 사냥을 나가서 자연 속에서 휴식을 취하기도 하죠. 또한 백성들과 만나 자신의 위상을 알리기도 하고요.

어떤 것이든 오래하다 보면 지루함을 느끼고 무기력해질 때가 있죠. 그렇기 때문에 현재의 소중함을 느끼고 미래에 더 나은 모습이 되기를 기대한다면 지금 있는 곳을 떠나야 해요.

그렇다고 완전히 떠나서 돌아오지 않아도 된다는 얘기는 아닙니다.

　자연의 변화처럼 삶도 변화하는 게 좋아요. 추위가 오래되면 따뜻한 날이 찾아오듯이 삶도 새로운 것을 찾아가고 변화하는 것이 중요해요. 변함없이 머물러 있는 것은 마치 정지된 것과 다름없어요. 이제 새로운 곳에서 새로운 나를 만나보세요.

아직도 보여주지 않는 가능성이 있다

당신은 완벽하지 않고 특별하지 않다고 할 수 있어요. 그래서 남들이 놀라워할 정도로 뛰어난 재능이 없을 수도 있어요. 하지만 그럼에도 낙담하지 마세요. 분명히 여러분 안에는 아직 보여주지 않은 장점들이 있을 거예요. 마음 깊숙한 곳을 살펴보세요. 거기에는 성실함, 자유로움, 인내심, 자비심, 고귀함과 같은 빛나는 미덕들이 가득할 거예요.

여러분만의 장점을 펼칠 수 있어요. 여러분은 처음부터 그런 놀라운 능력을 갖고 있는 거예요. 이건 부인할 수 없는 사실이에요. 그런데도 여러분은 자신의 놀라운 능력을 의심하고 믿지 못하죠. 그래서 늘 부족하다고 불평하고 남의 눈치를 보며 자신의 단점만을 찾고 헛된 명성에 자존심을 내려놓고 미래에 대한 불안에 떨며 살아요.

그건 멋진 삶이라 말할 수 없어요. 여러분은 오래전에 이미 변화해야 했어요. 자신 없는 삶에서 벗어나야 했어요. 현명한 판단 아래서 더 나은 삶을 살기로 결심한다면 그 삶은 언제든 간단히 조정될 수 있어요. 여러분은 이런 진실을 이미 알고 있어요. 이제 그 가능성을 실천해 보세요.

강한 의지력이 미래를 지켜준다

강한 의지력은 정말 놀랍죠. 강인한 의지를 가진 사람은 어떤 상황에서도 자신을 통제할 수 있어요. 무서운 일이나 어려운 상황에서도 그들은 더 적은 공포를 느끼고 유혹에도 덜 영향을 받죠. 다른 사람들처럼 쉽게 불안해하거나 욕망에 휩쓸리지 않는 거예요. 공포나 욕망 혹은 위협은 그저 상상 속의 무언가일 뿐이에요. 이런 것들은 실제로는 당신을 해치지 못해요. 강한 의지만 있다면 그런 것들은 단순한 문제로 여길 수 있어요.

만약 누군가가 당신의 의지를 협박하거나 괴롭힐 것이라고 말한다면 그냥 넘어가세요. 강한 의지를 가진 당신은 결코 나쁜 상황에 빠지지 않을 거예요. 그들이 말하는 것에 휘둘리지 않고 더 나은 길을 찾아갈 수 있어요.

당신의 결단력과 강인한 의지가 모든 것을 극복하는 데 도움을 줄 거예요.

자신의 삶을 거부하지 않아야 한다

살면서 자기 자신을 거부하지 않는 것이 중요해요. 그렇게 하면 원하는 것을 얻고 이루고자 하는 목표를 성취할 수 있을 겁니다. '거부하지 않는 삶'이란 특별한 의미를 갖는 것이 아니라 과거에 얽매이지 않고 미래를 자연스럽게 흘러가게 두며 희망을 믿는 거예요. 무엇보다도 현재에 집중하고 주어진 운명에 감사하며 그것을 받아들여야 합니다.

우리가 살아가는 이 세상은 우리를 위해 만들어진 곳입니다. 그러므로 여러분도 이 세상에서 중요한 존재죠. 그러나 현실에 충실하려면 세상과 조화를 이루는 것이 중요합니다. 혼자서는 할 수 없기 때문에 우리는 모두 함께 세상을 이루어 가야 해요.

우리는 항상 정직하고 공정하며 거짓 없는 진리를 전해야 합니다. 우리의 특권을 내세우기 전에 다른 사람들의 권리를 인정하고 존중해야 합니다. 누군가의 악한 말에 흔들리지 않고 육체적 욕망에 사로잡히지 않아야 합니다. 욕망은 우리의 이성을 속이는 사악한 것이라 생각합니다.

희망은 한 개만 있어도 충분하다

삶에서 필요한 것은 정말 많아요. 사랑이 그렇고, 우정이 그렇고, 열정도 그렇죠. 이런 것 중 하나가 부족하다고 해서 삶이 끝나는 건 아니에요.

하지만 삶에서 절대로 없어서는 안 될 것이 하나 있죠. 그건 '희망'입니다. 만약 당신의 삶에서 희망이 사라진다면 당신의 삶은 무슨 의미가 있을까요? 희망이 없다면 노력하는 의미도 사라지고 배우는 의미도 사라지게 되죠. 또한 희망이 없으면 도덕적으로 살 이유도 사라져 버릴 거예요. 그렇게 되면 쾌락에 빠지게 될 것입니다. "내일 죽을지도 모르니 먹고 마시자." 이런 태도로 술이나 도박으로 삶을 낭비하고 결국은 비참한 존재가 되어가게 될 거예요.

우리는 현재 '절망의 시대'를 살고 있는 것 같아요. 사람들의 말에서 절망의 숨소리가 들려오고 있죠. 절망으로 가득 찬 삶은 결코 행복할 수 없고 절망이 깊어지면 자살 같은 다른 이들에게 상처를 주게 되는 문제가 생겨요.

하지만 다행인 건 100개의 절망을 이겨내기 위해 100개의 희망이 필요한 게 아니라는 거예요. 하나의 희망으로도 모든 절망을 이겨낼 수 있다는 거예요. 그 하나의 희망, 그게 바로 당신에게서 시작되는 것이 어떨까요? 그 하나의 희망이 삶을 밝게 만들어줄 수 있을 거예요.

약간 앞서가는 목표를 정해야 한다

목표를 세울 때에는 그냥 무작정 정하지 말고 신중하게 생각해야 해요. 왜냐하면 목표가 너무 크면 계속 따라다니는 짐처럼 느껴질 수 있거든요. 그러면 목표만 떠올리면 힘들어지고 포기하고 싶은 마음이 들어요. 때때로 너무 많은 명예나 성취에 집착하다 보면 내 안의 탐욕이 나를 괴롭혀요.

그렇다고 너무 작은 목표를 세우는 것도 문제예요. 작은 목표만 가지면 남들에게 인정받지 못하고 자존심이 상해요. 삶이 딱딱하고 지루해 보일 수 있어요.

그래서 목표는 너무 어렵거나 너무 쉽지 않은 걸로 정하는 게 좋아요. 내가 견뎌낼 수 있는 정도의 목표를 찾아보고 약간 앞서가는 정도의 목표를 세우는 게 중요해요. 목표는 삶을 활력 있게 만들어주고 내가 왜 사는지를 느끼게 해줘요.

　여러분의 목표는 무엇인가요? 오늘 목표에 대해 진지하게
생각해 보기로 해요.

자기가 좋아하는 일을 선택해야 한다

자신의 일을 찾는 것은 중요해요. 때로는 삶의 기본적인 요구 때문에 원하지 않는 일을 하게 되는 경우도 있죠. 그렇게 되면 결코 만족스럽지 않을 거예요. 그 일을 하면서 금방 지루해지고 열정도 식어버리겠죠. 자신을 존중하지 않는 환경에서는 진정한 행복을 느낄 수 없어요.

그렇다고 자기의 일을 그냥 그만둘 순 없어요. 생계에 어려움을 겪을 테니까요. 그래서 자신의 재능을 활용할 수 있는 일을 선택해야 해요. 그 선택으로 조금 부족한 삶을 살게 되더라도 그 일이 인생에서 큰 위안이 될 수 있고 큰 희망이 될 수 있고 큰 행복이 될 수 있어요. 이런 일들이 가끔은 우리에게 더 큰 만족감을 줄 수도 있죠. 그렇기 때문에 자신의 일을 찾는 것은 삶에서 중요한 부분임을 명심하세요.

자신의 재능과 성향을 파악해야 한다

자신에게 맞는 일을 선택하기 위해서는 먼저 자신의 재능과 성향을 알아야 해요. 자신이 어떤 것을 좋아하고 어떤 가치관을 가지고 있는지를 파악해야 해요. 그렇지 않은 상태에서 무작정 꿈이나 일자리를 찾는 것은 바람직하지 않아요. 꿈은 다양하고 일자리는 많으니 너무 조급하게 생각하지 말고 일단 자신의 마음속 이야기를 들어보세요.

자신을 잘 알고 나서 적절한 일을 찾는다 해도 늦지 않아요. 그리고 그 일에 만족한다면 다른 것들을 어느 정도 포기할 줄 알아야 해요. 성과나 급여에 과도하게 집착하면 진짜 하고 싶은 일을 놓칠 수 있어요. 일단 원하는 일을 할 수 있다는 것에 만족하세요. 그 만족감은 일에 대한 열정과 성취욕을 불러일으켜요. 그런 마음가짐으로 노력하면 좋은 성과를 얻을 수 있을 뿐만 아니라 그에 맞는 대우도 받게 될 거예요.

　일에 전념하세요. 그러면 진정으로 삶을 즐길 수 있고 일하
는 자신의 모습이 멋져 보일 겁니다.

우리의 삶은 한 편의 소설과 같다

우리의 삶은 때로는 강한 소나기나 폭풍처럼 빠르게 진행될 수도 있지만 반대로 답답하고 지루할 때도 있죠. 소설이라고 해서 책의 처음부터 끝까지 항상 재미있는 건 아닙니다. 가운데 부분은 지루하거나 싫증 날 수도 있죠.

생각해 보면 완벽하게 빛나고 흥미로운 삶은 그렇게 흔하지 않아요. 삶도 소설처럼 모든 순간이 화려하고 빛나는 건 아니죠. 그저 몇 번의 특별한 순간이 우리 삶을 빛나게 만들어줄 뿐이죠.

예를 들어 봄처럼 활기찬 순간도 있지만 가을처럼 조용하고 차분한 순간도 있죠. 일생은 다양한 감정과 경험으로 가득 찬 소설과 같습니다. 우리 삶의 '중간 장면'에는 그야말로 우리의 인생 소설이 담겨 있습니다. 그곳에서 우리는 성장하고 배우고 변화하며 삶의 의미를 발견합니다.

그러니까 삶은 완벽하지 않아도 괜찮아요. 모든 순간이 빛나지 않아도 상관없어요. 그 안에 담긴 의미와 경험이 중요하니까요. 함께 느끼고 배우며 성장하는 우리의 삶, 그 안에 소중한 순간들이 가득하길 바랍니다.

열쇠를 꽂아 돌려야만 문이 열린다

이 세상에 고민 없는 사람을 찾긴 어렵죠. 누구나 고민을 갖고 살아가죠. 밖에서 해결되지 않은 고민을 집에 끌고 들어오는 경우가 종종 있죠. 그래서 늦은 시간까지도 고민에 시달려요. 그런 고민은 불면증을 유발하고 결정력을 흐리게 하며 자칫 우울증을 초래하기도 하죠.

우리는 고민을 현명하게 다뤄야 해요. 고민에 시간을 너무 많이 쏟지 말고 행동으로 해결책을 찾아보는 건 어떨까요?

분명히 알아야 할 것은 고민과 해결책은 다르다는 거예요. 오랜 시간을 고민한다고 해서 해결책이 나오는 게 아니죠. 더불어 고민할 때는 진지하게 문제를 해결할 수 있는 방법에 집중하세요. 대책 없는 공허한 고민은 체력과 정신을 소진시켜요. 그러니 고민은 짧고 행동은 과감하게. 열쇠를 꽂는다고 문이 열리는 게 아니에요. 열쇠를 돌려야 문이 열립니다.

세상을 빛나게 하는 건 아름다운 실천이다

　세상을 부정적으로 보는 염세주의자들이 있어요. 그들은 "세상은 사랑이 말라 있고 이기주의가 팽배하고 결국 인류는 사라질 거야"라고 말해요. 그런데 현재 세상이 정말 그런가요? 사랑이 말랐고 이기주의가 넘쳐나요? 그렇다고 해서 인류가 사라질 거라 단정하는 건 올바른 판단이 아닐 거예요. 왜냐하면 우리는 분명히 사랑을 다시 살릴 수 있고 이기주의를 물리칠 수 있기 때문이죠.

　우리가 할 수 있는 건 무엇일까요? 우리는 특별하고 따뜻한 사랑을 가져야 하고 그 사랑을 실천해야 해요. 종교나 인도주의, 인류애 등등 말로만 떠드는 게 아니라 진정한 행동으로 보여줘야 해요. 그래야만 우리가 인류의 지속을 도모할 수 있어요.

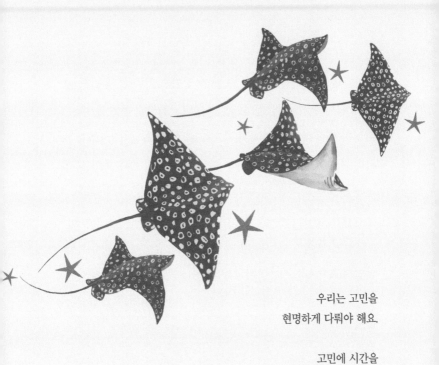

우리는 고민을
현명하게 다뤄야 해요.

고민에 시간을
너무 많이 쏟지 말고
행동으로 해결책을
찾아보는 건 어떨까요?

변화를 두려워할 필요가 없다

변화를 좋아하는 사람은 없을 것 같아요. 변화는 우리의 삶을 뒤집어 놓을 수 있는 큰일이니까요. 앞으로 무슨 일이 일어날지 예측하기 어려워서 두렵고 불안할 거예요. 변화하는 과정에서 고통도 따를 거라는 건 분명하고요. 대부분의 사람은 변화를 원하지 않죠. 현재의 상태를 유지하고 싶어 하죠.

하지만 생각해 보세요. 변화가 없는 삶, 얼마나 지루하고 답답할까요? 그리고 성취하고자 하는 것들을 이루기 위해서는 변화가 필요한 법이에요. 변화 없이는 발전하거나 완성되는 것이 없답니다.

나무를 잘라 장작을 만들어야 목욕물을 데우거나 음식을 요리할 수 있고, 또 비바람을 견딘 나무만이 열매를 맺을 수 있어요. 변화는 더 나은 삶을 향해 나아가는 과정이자 나를 돌아보게 되는 시간이에요. 그러니 변화를 두려워하지 않아도 돼요. 변화는 마치 계절이 바뀌는 것처럼 필연적인 일이거든요.

게다가 자기 자신을 조금 더 빨리 변화시키는 것도 좋아요. 그러면 두려움과 고통도 덜 겪을 거예요. 또한 다른 사람보다 한 발자국 더 앞서 나갈 수 있을 거예요. 다시 말하지만 변화라는 것은 더 나은 삶으로 나아가는 과정이자 나를 되돌아보는 소중한 시간이에요.

과거에게 붙잡힐 필요 없다

현재 시각을 확인해 보세요. 지금 이 순간에도 시간은 빠르게 흐르고 있어요. 마치 강물처럼 모든 것이 항상 변하고 흐르고 있는데 이것이 현실이에요. 지금의 시간이 지나면 언젠가는 지금도 과거의 시간이 되어버리죠. 정지된 것은 이 세상 어디에도 없어요. 그림 같은 풍경도 움직임이 없어 보이지만 시간이 지나면서 조금씩 변하고 있어요. 벽에 걸린 사진도 가만히 있는 것처럼 보이지만 시간이 지나면 서서히 퇴색되어 가죠.

당신 주변의 모든 것들은 시간 앞에서 짧은 순간일 뿐이죠. 또한 그것들은 과거로 사라져 갑니다. 이런 생각을 하면 현재 겪고 있는 어려움에 대한 대처 방법이 보일 거예요. 너무 괴로워하지 않아도 되고 두려움을 품을 필요도 없어요.

당신이 지금 겪고 있는 어려움도 결국 시간 앞에서는 짧은 순간일 뿐이죠. 그 어려움에 미치는 마음을 품는 것은 어리석은 일이에요. 붙잡지 말고 그냥 흘러가게 내버려두세요. 어떤 어려움도 시간이 지나면서 지나갈 거예요.

인생의 좋은 스승을 만나는 게 중요하다

영혼을 성장시키고 정제하는 일은 등산과도 닮았어요. 험한 에베레스트산을 혼자서 오를 수 없는 것처럼, 영혼을 다듬는 데에도 누군가의 도움이 필요해요. 길을 잘 아는 안내인 없이는 어려운 것과 마찬가지로, 영혼의 성장 과정에서도 영혼을 이해하고 존중하는 스승의 지원이 필요해요.

정상에 도달하는 데 그 산에 대한 정보와 경험이 풍부한 베테랑 등산가의 조언이 큰 도움이 되죠. 영혼의 깊은 영역에 도달하기 위해서는 순수하고 깨끗한 마음을 가진 분들이나 인생의 본질에 대해 심도 있게 생각하는 사람으로부터 배워야 해요.

길을 잘못 선택하면 그것을 바로잡는 것도 어렵고 그 과정

에서 영혼이 다칠 수도 있어요. 그러니 영혼의 성장과 발전은 조심스럽게 다뤄야 하며 올바른 길로 인도해 줄 좋은 스승을 만나는 것이 아주 중요해요.

게으름은 강력한 중독성을 갖고 있다

늘 피곤하죠. 그래서 늦잠을 자면 그나마 기분이 좋아지죠. 그런데 계속 자는 건 좀 그렇죠. 사람들은 움직여야 하고 일해야 해요.

아침에 일어나기 싫을 때 생각해 보세요. '일어나서 뭔가 보람 있는 일을 해야지!' 그럼 그 피곤한 감정도 이겨낼 수 있어요. 창밖을 보세요. 개미, 새, 작은 식물도 이미 활동 중이에요. 게으름에 너무 매달리지 말아요.

사람은 일하고 활동해야 해요. 조각가는 조각, 무용가는 춤, 등산가는 산을 오르죠. 모두 자신의 일에 열정적으로 전념하고 최선을 다해요. 자신에게 주어진 일을 열심히 하는 게 가장 보람 있죠.

그러니 어서 일어나세요. 눈을 떠보세요. 일하고 활동하세요. 움직일 때가 가장 아름답답니다.

좋은 기운으로 우주 협력자가 되자

사람들은 각자의 목표를 이루기 위해 다들 어딘가에서 열심히 노력하고 있어요. 하지만 어떤 사람들은 그냥 일하는 습관에 길들여 목적을 잊고 살아가기도 하죠.

철학자 헤라클레이토스는 특별한 말을 남겼어요. "자는 사람조차도 우주의 움직임에 기여하는 역할을 하고 있다"고 말이죠. 우리는 서로 다른 방식으로 우주의 움직임에 기여하고 있어요.

남을 속이고 일을 방해하고 상대에게 상처를 주는 사람조차도요. 왜냐하면 그들도 우주의 한 부분이고 우주는 그들의 기여를 필요로 하기 때문이죠.

여하튼 당신은 어떤 방식으로든 우주의 일에 기여한다는 거죠. 좋은 행동을 하든 나쁜 행동을 하든 말이죠. 하지만 기억해야 할 점은 고대 철학자 크리시포스의 말이에요. "지나치게 악한 짓은 하지 마라." 이 말은 꼭 잊지 마세요. 이왕이면 좋은 기운으로 우주의 협력자가 되는 게 좋겠죠.

나는 어떤 사람인지 대답해야 한다

많은 사람이 자기를 알아가는 과정에서 종종 다른 이들의 평가를 너무나 많이 신경을 쓰곤 해요. 우리는 상대방의 의견을 존중한다고 하지만 실제로는 우리의 생각을 더 귀중하게 여기곤 하죠.

만일 누군가가 자신을 부정적으로 평가한다면 우리는 분개하고 그 사람을 멀리하고 싶어 하죠. 하지만 누군가가 자신을 칭찬하면 그에게 다정하게 대하고 즐거움을 나타내곤 해요. 이런 반복된 패턴은 결국 거짓된 모습을 보이게 하고 다른 사람을 정확히 평가할 수 없게 만들어버릴 수 있어요.

그래서 만약 다른 사람들로부터 칭찬을 받고 싶다면 자신이 부끄러운 일을 행하지 않는 것이 중요해요. 사실 다른 사람들이 우리를 어떻게 생각하는지가 중요한 것은 아니에요. 오히려 우리 자신이 어떤 사람인지를 스스로 판단하고 이해하는 것이 더 중요한 것이죠.

피하지 말고 정면 돌파하자

사람이든 동물이든 그리고 식물이든 간에 자신이 속한 집단에서 벗어날 수 없다는 사실을 받아들여야 해요. 물론 혼자서 독립적으로 살아갈 수는 있지만 그것은 정말로 사는 게 아닙니다. 외로움과 고독만이 남게 되는 삶이죠.

우리는 때로 어느 것에 통합되고 또 일부분이 되어야만 해요. 다른 사람들이 상처를 주거나 무시하거나 괴롭힌다 해서 그들을 피할 수만은 없어요. 잠깐 피할 순 있지만 결국 우리는 모두 이 지구에서 함께 살아야 해요. 그렇기 때문에 갈등과 반목 속에서도 답을 찾아야 해요. 혼자의 힘으로 안 된다면 누군가의 도움을 받아서라도 그 답을 찾아야 해요. 타인을 피해 답을 찾으려 하지 말고 오히려 타인과 함께 답을 찾아보세요.

우리는 갈등과 반목 속에서도
답을 찾아야 해요.

혼자의 힘으로 안 된다면
타인과 함께 답을 찾아보세요.

세상을 살아가는 지혜

기회는 배를 타고 오지 않고 우리들의 내부로부터 온다. 기회는 또 전혀 기회처럼 보이지 않으며, 그것은 빈번히 불행이나 실패나 거부의 모습으로 변장해서 나타난다. 비관론자들은 모든 기회에 숨어 있는 '문제'를 보지만 낙관론자들은 모든 문제에 감춰져 있는 '기회'를 본다.

- 데니스 웨이틀리

청년기에는 주관이 지배하고 노년기에는 사색이 지배한다.
다시 말하면 청년기는 작가로서 알맞은 시기요,
노년기는 철학에 적합한 시기다. 실천하는 데 있어서도
청년기는 주관과 인상에 따라 결심하지만 노년기에는 대부분이
사색한 다음에 결정한다.

- 쇼펜하우어

누구나 다 곡예사의 삶을 살고 있다

가끔 인생은 조용한 호수처럼 보일 수 있지만 실제로는 그렇지 않아요. 삶은 때로는 격렬한 파도처럼 요동치죠. 그리고 삶은 예측 불가능한 위험한 일이에요. 매순간 뭔가에 매달려 살아가는 것과 다를 바 없어요. 만약 그 매달린 줄이 튼튼하다면 다행이죠. 하지만 현실은 그렇게 강하지 않고 마구 흔들리는 얇은 줄이에요.

우리는 그런 얇은 줄 위에서 매일을 살아가고 있어요. 때로는 달리기도 하고 춤추기도 하고 음식을 먹고 쉬기도 해요. 언제 그 줄이 끊어질지 모르지만 어쩔 수 없이 그 줄을 떠나지 못하는 것 같아요. 이런 점에서 우리는 모험을 감당하는 곡예사와 비슷한 면이 있어요. 노력해도 떨어지는 사람도 있고 다음 날 떨어지는 사람도 있을 뿐이죠.

인간은 자신보다 큰 집을 짓고 더 많은 부를 모으며 욕심을 쌓는 데 많은 시간을 보내요. 그런 사람도 가냘픈 줄에 의존해 살고 있다는 것을 몰라요. 그럼에도 그 줄에 기댄 채 덕을 쌓고 남을 배려하는 사람도 있어요. 그들은 얇은 줄이지만 그 줄이 강한 동아줄이라고 믿고 있어요. 그 줄이 큰 시련과 아픔에도 찢기지 않고 무거운 것을 버틸 수 있다고 확신하죠. 또한 인내심과 이성 그리고 따뜻한 마음으로 만들어진 줄임을 강하게 믿어요.

거친 파도도 언젠가는 잔잔해진다

　바위는 파도의 격렬한 충격을 받으면서도 하나도 흔들리지 않아요. 바위는 물결이 조금씩 그의 온몸을 깎아내고 있지만 그렇다고 무너지거나 놀라는 일은 없어요. 어떤 시련이 찾아와도 바위는 상처받지 않아요. 그렇다고 바위가 감정이 없는 건 아니에요. 바위는 지나가는 모든 것을 주의 깊게 지켜보고 있었으며 바다의 끝까지도 향하는 바람 소리를 듣고 있어요.

　바위는 바다 위의 현실에 따라 휩쓸리지 않았고 다가오는 미래에 대한 걱정에 시달리지도 않아요. 그런 이유로 당신도 그 바위를 닮아야 합니다.

　그런데 때때로 당신은 당신에게 일어난 불운이 오직 당신에게만 적용된 것처럼 느끼죠. 당신에게만 일어나는 일이 아니에요. 모두가 겪는 상황이죠. 대담하게 생각하세요. 그리고 묵묵히 자신의 길을 걸어가세요. 때론 바위처럼. 이것은 불행이 아니다. 그저 꽤 높은 파도가 칠 뿐 며칠 후면 다시 잔잔해질 거다. 그리 생각하며.

작고 사소하다고 소홀하게 대하면 안 된다

작은 것 하나가 쓸데없고 사소하고 하찮게 느껴질 수 있지만 그것이 우리 삶에 어떤 영향을 미칠지 예측하기 어려운 경우가 많아요. 마치 작은 벌레 한 마리가 수백 년 동안 자란 나무를 파괴할 수 있는 것처럼 말이죠. 우리가 무시하거나 경시하는 작은 선택이나 일상적인 행동이 때로는 큰 변화에 영향을 끼칩니다. 작은 마이크로칩 하나가 혁신적인 기술을 발전시키고 우리의 미래를 바꾸는 것처럼 말이죠.

오랜 경력을 갖춘 식물학자는 작은 것에서도 전체를 보는 능력을 지니고 있어요. 그는 풀잎 하나에서 나무의 모습을 추론하거나 작은 뼛조각으로부터 동물의 형태를 예측할 수 있죠. 이는 작은 것 하나가 얼마나 중요한지를 보여줍니다.

그렇기 때문에 우리는 사람을 평가할 때에 작은 일에 주목해야 합니다. 중요한 순간에는 특별한 모습을 보이지만 사소한 선택과 행동이 우리의 본성과 태도를 반영하기 때문이죠. 따라서 우리가 누군가를 이해하고자 한다면 그들이 평범한 일상에서 보여주는 모습을 주의 깊게 살펴봐야 합니다. 작은 일이라도 누군가를 배려하고 다른 이들에게 관심을 기울인다면 그 사람은 신뢰할 수 있고 함께 성장하며 나눌 수 있는 동반자일 것입니다.

우리는 작은 것 하나로부터 많은 것을 배울 수 있다는 것을 명심해야 합니다. 작은 선택과 행동 하나하나가 우리의 삶과 주변 환경을 변화시킬 수 있는 힘을 지니고 있다는 사실을 잊지 말아야 합니다.

감정을 다스리는 자가 성공한다

질투는 일종의 부정적인 감정이지만 긍정적인 면도 있죠. 질투는 덕과 지의 일면을 가집니다. 왜냐하면 질투는 한 가지만 보는 게 아니라 다른 것과 연관해서 생기기 때문이죠.

예를 들어보죠. 여러분이 만족스러운 월급을 받고 있다고 가정해 봅시다. 그러면 당연히 그 월급으로 행복해하고 만족할 것입니다. 그런데 여러분과 비슷한 능력을 가진 다른 사람이 여러분보다 훨씬 많은 월급을 받는다면 어떨까요? 그 순간 여러분은 혼란스러워지겠죠. 정신을 차리면 이미 질투와 불안의 감정이 솟구치는 걸 느낄 겁니다. 만족했던 마음은 불만으로 변하고 억울함이 느껴지며 상사에 대한 배신감도 들것입니다.

이럴 때 어떻게 해야 할까요? 상사에게 항의해 봤자 소용없습니다. 해결책은 단 하나예요. 정신을 다스리는 겁니다. 먼저 감정을 진정시키고 깊게 숨을 들이쉬세요. 그리고 정신을 맑게 정리해 보세요. 이를테면 자신에게 집중하고 다른 것들을 잠시 잊어버리는 겁니다.

불필요한 생각은 하지 않는 게 최선의 방법입니다. 자신이 행복하다고 자주 마음속으로 외워보세요. 내 안의 질투와 불안을 꺼내 버리세요. 그러면 여러분은 행복해질 수 있을 뿐만 아니라 다른 사람들에게 부러움을 주지 않게 될 거예요. 만족은 아름답고 행복한 감정이죠.

생각해 보세요. 여러분보다 더 많은 월급을 받는 다른 사람이 항상 행복한 건 아닐 거예요. 아마 그 사람도 더 많은 월급을 받는 다른 사람을 생각하며 질투와 불안을 느끼고 있을 수 있어요. 욕심은 끝이 없다는 걸 잊지 마세요.

마음의 나이를 채워야 진정한 어른이다

어른이 되는 것은 정말 의미 있는 일이에요. 그건 옳은 길을 걷고 올바른 삶을 살아가는 것이랍니다. 진정한 어른이 되려면 몇 가지 실천해야 할 게 있어요.

우선 지식이 풍부한 분들과 자주 대화를 나눠보세요. 그리고 산책을 하거나 등산을 할 때 숨을 쉬는 것만이 아니라 사색을 하면서 걸어보세요. 또한 옛것을 경시하지 말고 그것들을 존중하고 책을 통해 새로운 지식을 얻는 법을 익혀보세요. 책은 최고의 친구이자 지혜롭고 교양 있는 어른으로 성장하는 데 도움을 주는 가이드입니다.

꾸미거나 장난치는 대신에 정직하고 현명하게 다가가며 상대방을 대하세요. 말을 할 때는 신중하게 하고 행동할 때는 평안하면서도 공손하고 예의 바르게 하는 거예요. 이렇듯 어른다운 모습을 보여주세요. 숫자적인 나이가 아니라 마음의 나이가 익어가는 게 진정한 어른이랍니다.

존경받는 어른으로 성장해야 한다

모든 일에 주의 깊게 생각하고 집중력을 발휘해야 해요. 물건이나 사람의 겉모습보다는 그 안에 담긴 속내와 의미를 발견할 줄 알아야 해요. 또한 다양한 생각을 가질 줄 알아야 해요.

고대 그리스의 수학자 유클리드는 이렇게 말했어요. "어린이는 점처럼 작고 10대는 선처럼 길고 젊은이는 면처럼 다양하다. 그리고 어른에게는 깊이와 중심이 있다."

마치 어린아이처럼 한 방향만 보지 말고 앞, 뒤, 옆을 함께 고려하는 사고를 해야 해요. 진정한 어른이 되는 것은 쉬운 일은 아니지만 불가능한 일도 아니에요. 이제까지 이야기한 것들을 모두 실천해서 진정한 어른이 되어야 해요. 남들에게 존경받을 수 있는 사람이 되길 바랍니다.

선과 악을 구분할 줄 알아야 한다

악한 행동을 하는 건 정말 쉽죠. 이유는 몰라도 이 세상에는 악이 참 많아요. 그런데 선한 일은 그리 많지 않아요. 그렇기 때문에 선을 행하는 게 얼마나 어려운지 이해할 수도 있겠네요. 하지만 악 중에서도 때때로 선과 비슷해서 알아보기 힘든 악이 있어요. 때로는 그 악이 선처럼 보이기도 해서 사람들이 혼동할 때가 있어요.

하지만 악은 악이에요. 절대 선이 될 수 없죠. 그래서 선한 일을 하는 것도 중요하지만 무엇이 선이고 악인지를 구별할 수 있는 능력도 필요해요. 그게 정말 중요하답니다.

무엇이 선이고 악인지를
구별할 수 있는 능력도 필요해요.

그게 정말 중요하답니다.

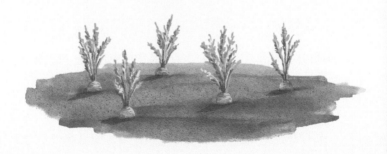

인생의 변화는 언제든지 찾아온다

이 세상에 영원한 것은 없어요. 우리 생각에는 자연은 영원할 것 같지만 사실은 아니에요. 우리가 자연을 해치거나 파괴하는 순간 자연은 영원히 사라져 버릴 수도 있어요. 더구나 변함이 없을 것으로 여겼던 진리나 이론도 시간이 지남에 따라 퇴색하고 변질될 수 있어요.

행복 또한 마찬가지예요. 행복한 시간이 오랫동안 계속될 수는 없어요. 우리가 더 큰 행복을 경험하기 전에 갑작스러운 불행이 찾아올 수 있어요. 우리 삶 속에서 불행한 사건들이 항상 일어날 수 있죠.

사랑하는 사람들조차도 서로 갈등을 겪게 되는 법이죠. 부모가 되면 자식을 위해 걱정하고 고민하는 일이 빈번하게 생기기도 해요. 직장을 잃은 사람은 미래에 대한 두려움으로 절망에 빠지기도 해요.

　인생은 때로 순식간에 행복에서 불행으로 전환될 수 있어요. 언제나 우리 주변에서 이런 변화가 일어나고 때로는 예기치 못한 변화가 우리 삶을 뒤바꿔 놓기도 해요.

두 번째 인생을 산다고 생각하면 좋다

쉽지 않은 일이 있을 때, 마음이 아프고 어려울 때, 가끔은 그 순간 자신이 다시 태어난다고 생각해 보세요. 이제까지의 삶을 마치고 그 자리에서 다시 시작한다고 말이죠. 당신의 마음을 건드릴 수 있는 말이지만 이런 식으로 생각해 보면 조금 더 나아질 수도 있습니다.

그 순간 당신은 과거의 당신을 끝내고 두 번째 기회를 가진 새로운 삶을 시작한다고 상상해 보세요. '오늘로써 나의 생은 마감되었어.' 그리고 앞으로의 시간은 또다시 신께서 주신 특별한 선물이라고 생각해 보세요. 이전보다 더 많은 감사함과 가치를 부여받은 인생이죠.

두 번째로 주어진 인생을 받게 된다면 그건 특별한 기회입니다. 이번에는 과거의 실수를 더 이상 반복하지 않을 수 있고 더 나은 선택을 할 수 있습니다. 지금부터의 인생은 아주 특별한 더욱 귀중한 두 번째 선물이라고 생각해 보세요.

이 두 번째로 주어진 인생 그것이 얼마나 특별하고 기쁜 일인지를 생각해 보세요.

진정한 자유는 내 안에서 찾아야 한다

사람들은 자신을 둘러싼 제한과 보호에서 벗어나기를 원합니다. 처음에는 부모님, 가족의 보호 속에서 자라는 것이 안전하고 따뜻하게 느껴질 수 있지만 성장하면서 우리는 자립하고 독립적으로 세상을 경험하고 싶어 합니다. 어른이 되면 우리는 더 많은 자유를 원하게 되죠. 규칙, 제도, 사회적 압박, 회사의 기대에 얽매이지 않고 자유롭게 살고 싶어 합니다.

그러나 이런 자유가 잘못된 길로 이끌 수 있어요. 그 공백과 빈틈을 채우려고 우리는 오히려 해로운 유혹에 빠지거나 오로지 세속적인 욕망만을 좇게 될 수 있습니다. 그러면 결국 삶이 파괴될 수도 있죠. 하지만 이러한 제약에서 벗어나고자 하는 욕구들은 때로는 우리를 더 큰 자유로 인도해 줄 수도 있어요. 그러나 단순한 자유만으로 우리는 행복해지지 못합니다.

　진정한 자유는 우리 자신을 이해하고 마음속에서 찾아야
해요. 이 진정한 자유는 우리에게 진정한 행복을 선사할 수
있습니다. 또한 다른 사람을 위해 봉사하고 도울 때 우리는
더 큰 자유를 얻을 수 있어요. 자신의 욕구나 제약에서 벗어
나는 것뿐만 아니라 남을 위해 헌신함으로써 진정한 삶의 가
치를 깨닫게 됩니다. 나 자신을 이기고 타인에게 봉사하는 것
이 바로 인생 학교에서 받을 수 있는 최고의 성적이며 진정한
인간다움의 지표입니다.

내 안의 중심을 잘 잡고 주변의 소란 속에서도
침착하게 극복하는 게 중요해요.

그럼 그 길 끝에서 위대한 나 자신을
만날 수 있을 거예요.

마음이 흔들리면 삶의 방향도 흔들린다

때로는 사람들의 욕설이나 상처, 가혹한 상황 속에서도 마음의 평온과 안정을 잃지 말아야 해요. 내 안의 중심을 잘 잡고 주변의 소란 속에서도 침착하게 극복하는 게 중요해요. 그 누구도 내 결심을 흔들 수 없어요.

다른 사람들이 나를 어떻게 생각하든 상관없어요. 내가 가진 원칙과 정의를 지킨다면 내 안의 본질은 영원히 변하지 않아요. 현재의 어려운 상황을 너무 비관적으로 생각하지 말아요. 지금 겪고 있는 어려움은 내 의지를 시험하는 기회일 뿐이에요. 게다가 내가 겪고 있는 문제들은 이미 누군가가 이겨낸 일일 수도 있어요.

모든 일은 우주의 흐름과 함께 일어나는 거예요. 그래서 처음 겪어보는 일이라도, 극복하기 어려운 일이라도 이미 그런 상황을 이겨낸 사람들이 있었던 것처럼 나도 극복할 수 있어요. 중요한 건 내 안의 평정과 강인함을 유지하는 거예요. 도전 앞에서 흔들리지 않고 자신의 길을 가보세요. 그럼 그 길 끝에서 위대한 나 자신을 만날 수 있을 거예요.

유혹을 분해하면 극복의 힘이 생긴다

유혹에 빠지는 것은 종종 우리 삶에서 벌어지는 일 중 하나예요. 때로는 할 일이 있는데도 주변에서 유혹이 찾아와 정신이 산산조각 나고 마음이 흔들릴 때가 있어요. 진행해야 할 일이 있는데 친구들과 놀고 싶거나 휴식이 필요한데도 축구공이 보이면 밖으로 나가고 싶은 욕구가 생기는 등의 상황들 말이죠.

때로는 유혹이 더 큰 문제로 이어질 수도 있어요. 도박, 유혹적인 상황 또는 범죄 같은 것들도 그렇죠. 유혹에 빠지면 금방이라도 어려움에 처할 수 있어요. 그래서 유혹에 주의를 기울여야 해요.

그렇다면 유혹을 피하는 방법은 무엇일까요? 사물을 하나씩 분석하는 것이 도움이 될 수 있어요. 예를 들어 노래가 유혹적으로 다가온다면 그 노래의 음악을 하나씩 나눠서 생각해 보세요. "이 음악 조합이 정말 나를 유혹하는 걸까?"라고 자문해 보세요. 화투에 유혹된다면 카드 한 장씩을 따로 분석해 보세요. "이렇게 간단한 그림이 날 유혹할 수 있을까?"

이런 방식으로 유혹하는 것들을 하나씩 해체해 보세요. 분명히 효과가 있을 거예요. 결과적으로는 유혹에 빠지는 것들을 경멸하거나 사소하게 여길 수 있게 될 거예요.

기억해야 할 점은 무언가가 당신을 유혹한다면 그것의 본질을 따로 떼어서 생각해 보는 거예요. 그러면 유혹을 극복할 수 있고 삶에서 소중한 깨달음을 얻을 수 있을 거예요. 이런

방식으로 유혹을 극복하고 내면의 강함을 키워가며 지혜롭
게 살아가세요.

비극은 극복하기 위한 과정일 뿐이다

연극은 우리에게 사람들이 겪는 상처와 비극적인 사건을 알리고 그것을 상기시키는 도구로 처음 등장했어요. 이런 연극을 관람하며 우리는 불행이 마치 계절처럼 오고 가는 필연적인 것이라는 걸 깨닫죠. 인간의 감정은 정말로 복잡해요. 비극적인 연극을 관람하면서도 기쁨을 느끼게 되는데 그것을 카타르시스라고 해요. 그래서 우리는 실제 삶에서 비극적인 일이 일어나더라도 그것을 통해 괴로워하거나 슬퍼하지 않아야 한다고 말해요.

한번 관람한 연극의 주인공들을 생각해 보세요. 그들은 모두 자신의 삶에서 피할 수 없는 비극을 안고 있지만 그럼에도 자신의 운명을 극복하며 앞으로 나아가고 있죠. 인생은 비극적인 연극과도 같지만 비극 속에 기쁨과 희열, 행복이 있어요. 그런 감정을 잃어버리지 않고 내 것으로 만들어야 해요.

　그리고 비극 작가들이 남긴 좋은 말들을 기억하세요. 비극적인 상황이 찾아왔을 때 그런 말들을 떠올려 보세요. "신께서 나를 외면하고 내 가족을 외면한다면 거기에는 반드시 그럴 만한 이유가 있을 것이다." "어떤 일이 일어나도 너무 슬퍼하거나 괴로워하지 말자." 이런 말들은 어려운 순간에 용기를 주고 위로가 되어줄 거예요.

신비로운 삶과 조화를 이뤄내야 한다

여기 이 세상, 신의 창조물. 완벽한 설계 속에 비극과 기술, 이해할 수 없는 신비함이 공존하는 곳이지만 우리가 그것을 보고 있는 지금 이 순간에는 완벽하지 않다고 생각해요. 우리는 이 세상이 불완전하고 종종 우리의 이성을 벗어나는 상황들이 펼쳐지는 것을 목격합니다.

그 원인은 무엇일까요? 바로 우리 인간의 욕망과 이기심 때문입니다. 신은 이 세상을 완벽하게 창조하셨어요. 하지만 우리는 완벽함을 찾으려 하면서 세상을 혼란에 빠뜨리고 욕망을 채우려고 애쓰며 그 혼돈을 더욱 증폭시켰어요. 인간이 진정으로 완벽해지기 위해서는 자신의 불완전함을 받아들여야 하고 또한 다른 이들과 협력해야 한다는 것을 깨달아야 합니다.

아침을 맞이할 때 당신이 가장 먼저 해야 할 일은 단순한 식사나 세수가 아니에요. 가장 먼저 할 일은 지식의 물결 속에 당신 자신이 누구인지를 알아차리고 세상을 깊게 체험하는 거예요. 이렇게 자신을 깨달음으로 이끌어 내면 세상은 혼돈에서 벗어나고 우리는 신의 존재와 더 가까워질 것입니다. 이러한 인식을 통해 우리는 서로의 불완전함을 이해하고 신비로운 세계와 조화를 이룰 수 있게 됩니다. 그리고 우리는 결국 신의 깊은 세계에서 우리 자신을 발견할 것입니다.

비가 온 후엔 반드시 해가 뜬다

인생에서 내면과 외면에서의 혼란이나 고통은 피할 수 없는 부분이라고 생각해요. 내면의 혼란은 종종 질투, 미움, 절망과 같은 감정들로 가득 차 있을 때 일어나는데요. 외적 혼란은 바쁜 일상의 스트레스, 주변 사람들의 부정적 평가 혹은 직장에서의 어려움으로 발생할 수 있어요.

이 모든 것을 극복하기 위해서는 정신적인 안정을 유지하고 영혼의 평화를 찾는 것이 중요해요. 죽고 싶을 만큼 힘든 상황이 와도, 절망에 빠져 있을 때라도 우리는 영혼을 회복시키고 정화시킬 수 있어요.

자신의 내면을 자세히 살펴보고 스스로에게 질문을 던지면 내면의 고통을 이겨낼 수 있는 힘을 기를 수 있어요. 또한 외부의 혼란이 당신을 괴롭히고 상처 주더라도 이것은 어제의 비가 지나가듯이 지나갈 것이에요. 진정한 자아를 유지하고 흔들리지 않는 마음가짐을 가지면 이것은 당신의 영혼에 짧은 비 온 후 맑은 하늘과 같을 거예요.

마음은 아주 긍정적인 샘물과 같다

저주나 욕설 같은 부정적인 말이나 행동이 맑고 깨끗한 샘물에서 나온다고 해봅시다. 그렇다면 그 샘물은 더러워질까요? 아닙니다. 샘물은 여전히 맑고 깨끗한 물을 계속해서 흘려보내게 됩니다. 사람들이 욕설을 하거나 더러운 짓을 한다해도 그 샘물은 온전하게 유지됩니다. 누군가가 샘물에 진흙이나 오물을 집어넣는다고 해도, 그 샘물은 변하지 않아요. 그것은 여전히 맑고 깨끗한 물을 내뿜죠.

우리의 내면도 그러합니다. 우리는 항상 긍정적인 생각과 좋은 힘을 발산해야 해요. 내면적 혼란이나 외부적인 혼란이 찾아와도 이겨낼 수 있는 힘을 기를 필요가 있어요. 계속해서 긍정적인 마음가짐으로 살아가면 어떤 어려움에도 대처할수 있을 겁니다.

우리의 마음은 샘물과도 같아요. 계속해서 맑고 깨끗한 생각과 긍정적인 힘을 발산해야 합니다. 그러면 내면적 혼란이나 외부적 어려움에도 더 쉽게 대처할 수 있을 거예요. 마음을 깨끗하게 유지하고 부정적인 것들을 내보내면서 우리는 항상 강하게 버틸 수 있을 겁니다.

본질을 알려면 면밀히 지켜봐야 한다

복숭아나무에는 복숭아가 열려요. 감은 열리지 않죠. 포도 나무에선 당연히 포도가 열리죠. 마찬가지로 사과나 배가 열 리지 않아요. 이건 진리이며 생각할 수 있는 나이가 되면 그 정도는 누구나 다 아는 사실입니다.

당신이 보는 나무가 어떤 종류인지 알아보는 건 참 어려운 일이죠. 가령 열매를 맺지 않는 나무를 보고서 그 나무가 무 슨 나무인지 알아내려면 정말로 힘이 들어요. 사과나 복숭아 처럼 열매가 생긴 후에야 그 나무가 무엇인지를 파악할 수 있 는 거죠.

우리가 사람의 본질을 알고 싶다면 그 사람의 행동을 면밀 히 지켜보면 돼요. 일상생활에서 어떤 습관을 가지고 있는지

어떤 태도로 삶을 대하는지가 우리의 '열매' 같은 거예요. 이
것을 통해 사람을 이해하는 게 조금 더 쉬워질 거예요.

최고의 여행지는 내 맘속이다

현실에서 벗어나고 싶어 하는 마음은 우리 모두가 한번쯤 은 느껴봤을 것 같아요. 때로는 현실이 마른 사막처럼 너무 답답하고 지루하고 건조하게 느껴지는 순간들이 있죠. 그럴 때마다 조용한 곳으로 피하고 싶은 욕구가 생기는 거죠.

때론 여행을 떠나는 것도 좋은 방법이죠. 해변이나 산, 한적 한 시골로 떠나서 잠시라도 현실을 잊고 싶은 욕구가 생기곤 해요. 하지만 이런 여행을 통해서도 현실에서의 고민과 문제 가 사라지는 것은 아니죠. 현실은 여전히 그 자리에 있고 해 결해야 할 일들도 남아 있는 법이죠.

현실을 벗어나고 싶을 때 가장 좋은 장소가 바로 우리 마음 이라고 생각해요. 자신의 마음 안에 있는 곳이야말로 최고의 안식처이자 편안한 곳이거든요. 그곳에서 문제를 보고 그곳에서 답을 찾길 바랍니다.

진정한 자유는 현재에 있다

노예에겐 단 하나의 소원이 있어요. 그건 자유죠. 가장 먼저 발목에 묶인 쇠사슬을 풀고 싶어 하는 마음이 커요. 노예는 말합니다. "만일 쇠사슬로부터 해방된다면 진정한 행복을 얻을 것이라고 믿어요. 주인의 지시를 받지 않고 주인과 동등하게 대화하며 주인을 위해 일할 필요도 없고 주인의 허락 없이 여행을 떠날 수 있을 거예요. 나는 자유를 원합니다. 부디 이 쇠사슬을 풀어주세요."

만약 어떤 사람이 노예의 쇠사슬을 풀어준다면 어떨까요? 노예는 먼저 기뻐하며 소리를 질러 "나는 자유를 얻었어요!" 라고 할 것입니다. 그러나 그 자유는 점점 사라지고 마음 한쪽에는 걱정이 찾아옵니다.

노예는 더 이상 주인에게 밥을 받을 수 없어서 자기를 부양해 줄 사람을 찾아 헤맬 것입니다. 하지만 이는 쉽지 않을 것이고 때로는 비도덕적인 행동을 하게 될지도 모릅니다. 결국 그는 예전보다 더 고통받습니다.

운이 좋아 부자가 된다면 어떨까요? 그는 돈을 낭비하며 음탕한 삶을 살게 되고 결국 재산을 날리게 될 겁니다. 그리고 울면서 말할 거예요. "노예 시절이 더 좋았어. 주인과 함께 살 때가 더 행복했어. 주인은 나를 생각해 주고 필요한 것을 제공해 주었는데 이제는 그런 게 없어. 차라리 그때가 더 자유로웠어."

자유란 쇠사슬에서 벗어나는 것만이 아닙니다. 진정한 자유는 감옥이나 전쟁터에서도 느낄 수 있고 현재를 살아가며 만들어낼 수도 있는 거죠. 진정한 자유는 현재에 집중하고 현재를 살아가며 만들어나가는 겁니다.

자유란 쇠사슬에서 벗어나는 것만이 아닙니다.

진정한 자유는 감옥이나 전쟁터에서도 느낄 수 있고
현재를 살아가며 만들어낼 수도 있는 거죠.

후회 속에서 새로운 길을 모색해야 한다

불행하다면 왜 불행한지 그 원인을 파악해야 해요. 남을 탓하거나 이 세상을 탓하며 절망하기보다는 내 안에서 원인을 찾아야 해요. 때로는 위안을 찾기 위해 남 탓을 하거나 세상을 원망하는 게 수월할 수도 있지만 그렇다고 해도 결코 마음의 평화는 얻지 못해요.

우리의 행동과 선택에 따라 삶이 이루어집니다. 만약 우리가 인생의 규칙과 자연의 법칙을 따른다면 삶은 더 풍성하고 만족스러울 거예요. 하지만 그렇지 않고 자기 마음대로 행동한다면 삶은 더 많은 시련과 고통을 안겨주죠.

삶은 때로 유혹의 길을 제시할 수도 있어요. 늘 유혹을 경계해야 해요. 유혹의 열매는 잠시 즐거움을 줄지 몰라도 결국은 오랫동안 슬픔과 불행을 감당해야 해요. 그럼에도 불구하고 때로 우리는 유혹의 길, 불행의 길을 선택하곤 해요. 불행을 겪은 후에는 후회의 눈물을 흘리게 되죠. 그렇다고 인생이 끝나는 건 아니에요. 후회 속에서 우리는 또 새로운 길을 찾아야 해요. 더 나은 선택을 할 수 있는 기회는 항상 있으니까요.

행복을 만들어가는 선택

행복은 내면에서 비롯되며 자기 자신을 찾아가고 인생을 살아가
는 과정에서 찾아진다. 다른 사람들의 의견에 휘둘리지 말고 자신
의 가치관을 지켜라.

- 데일 카네기

모든 사람은 자신이 보는 만큼만 세상을 보고,
그게 전부라고 생각한다.

- 쇼펜하우어

만족은 행복의 가치를 좌우한다

나폴레옹이 자신의 영광에 만족하지 못했다면 로마 공화정의 정치가인 카이사르를 부러워했을 겁니다. 카이사르 역시 자신의 삶에 만족하지 못했다면 알렉산더를 부러워했겠죠. 알렉산더에게도 만족감이 없었다면 그는 자기보다 더 잘나고 위대한 이를 바라보며 부러워했을 겁니다. 더 많이 갖고 더 많이 이루어도 질투나 시샘에서 벗어나기는 어렵습니다.

하지만 질투에서 벗어나는 길은 또 있습니다. 당신 앞에 있는 작은 기쁨과 환희에 감사하고 그것들을 축복으로 여기며 즐기는 것입니다. 또한 당신이 맡은 직분에 최선을 다하고 자신과 다른 이들을 비교하지 않는다면 당신은 세상의 보상을 더 많이 얻게 될 것입니다.

하루하루 진심으로 일상을 살아간다면 자신의 소중한 순간을 더 깊게 느낄 수 있을뿐더러 행복도 더욱 크게 느껴질 겁니다. 만족감은 우리가 가진 것들을 올바르게 평가하고 소중히 여기는 데 큰 역할을 합니다.

많이 갖고 더 많이 이루어도
질투나 시샘에서 벗어나기는 어렵습니다.

하지만 하루하루 진심으로 일상을 살아간다면
당신은 자신의 소중한 순간을 더 깊게 느낄 수 있을뿐더러
행복도 더욱 크게 느껴질 겁니다.

인생은 지루하지만 위대하다

천하의 소크라테스도 밤낮으로 연회에 초대받았던 것은 아닙니다. 그는 대부분의 시간을 아내와 함께 보냈으며 오후에는 산책을 즐겼고 한적한 나무 의자에 앉아 이웃과 이야기를 나눴습니다.

칸트도 크게 다르지 않아요. 그는 쾨니히스베르크에서 태어나 그곳 주변만을 다녔죠. 10리 이상 벗어난 적이 없었습니다. 다윈 역시 마찬가지였습니다. 세계 일주 여행을 마치고 나서 그는 남은 인생을 집에서 보냈습니다.

소크라테스나 칸트, 다윈 같은 위대한 인물들의 이야기를 한 이유는 그들이 삶이 지루하고 권태로웠음을 얘기하려 한 것이 아닙니다. 그들이 지루하고 단조로운 삶 속에서도 위대함을 이뤄냈다는 사실에 주목할 필요가 있습니다. 겉으로 보기에는 그들의 삶이 심심할 수도 있었겠지만 그들 스스로는 바쁘고 급박한 삶을 살았던 겁니다. 하루하루를 노력하고 연구하고 지식을 쌓는 데 쏟아부었던 거죠. 노력 없이, 집중 없이, 고난 없이 위대한 업적을 만들어낼 수 없다는 겁니다.

모든 것의 끝에는 반드시 시작이 있다

끝은 시작과 함께 있다는 말이 있어요. 문제가 생겨 좋지 않은 결과가 나타났다면 그 해결책은 의외로 간단하답니다. 문제의 씨앗, 그 시작점을 찾아 제거하는 거죠.

불행 또한 그렇죠. 불행이 찾아왔을 때 그 시작점을 찾아 해결하면 불행을 깔끔하게 제거할 수 있어요.

그리고 불행이 찾아왔을 때 너무나 가슴 조리지 말고 감정에 충실하세요. 슬프면 울고 화가 나면 표출해도 좋아요. 우울하면 친구를 만나 도와달라고 해도 되죠.

다시 한번 말하지만 불행은 언젠가는 환한 빛으로 바뀔 거예요. 그 씨앗을 찾아보세요. 모든 어려움이 간단해지고 해결책이 보여요.

지금 이 순간이 바로 행복의 시작이다

삶은 때로 상처와 아픔으로 가득할 수 있죠. 우리는 모두 어떤 형태의 고통이나 불행을 경험할 수 있습니다. 다리를 다치거나 얼굴에 상처를 입고 몸 곳곳에서 고름이 흘러나오는 등 고통스러운 순간들이 찾아올 수 있어요. 하지만 그런 순간에도 우리는 불행을 받아들이기보다는 냉정하게 대처해야 합니다.

좋지 않은 일이 닥쳤을 때 그것을 단순히 인생의 불행한 부분으로 여기는 것은 너무나 쉬운 선택일 수 있죠. 하지만 그 상황은 누구에게나 발생할 수 있는 일상적인 것이기도 합니다. 그러한 상황을 마주할 때는 자연의 법칙과 우리의 삶에서 벗어나지 않도록 노력해야 해요. 그렇게 하면 자연은 우리에게 등을 돌리지 않을 것입니다.

불행하다고 느낄 때 우리는 그 상황에 갇혀 있을 게 아니라 행복하다고 생각할 수 있는 선택권을 가져야 해요. 지금 이 순간, 바로 오늘이 행복의 시작점입니다. 그 순간을 사랑하고 행복한 일들을 위해 노력하며 스스로에게 돌아가는 사랑을 잊지 않길 바랍니다. 이것이 불행을 이겨내고 행복으로 나아가는 길입니다.

바르고 순수한 시선으로 세상을 봐야 한다

염세적인 시각으로 세상을 바라보고 타인과의 관계를 부정적으로 처리하는 사람들은 어쩌면 내면의 고통을 겪고 있을 수도 있어요. 이런 사람들의 특징 중 하나는 자신의 감정을 인정하지 않는 것일 거예요. 그래서 다른 사람과의 관계가 원활하지 않을 뿐만 아니라 다른 이의 의견을 수용하지 않는 경향이 있죠.

고집이 세고 자기중심적인 사람들은 염세한 마음을 가진 경우가 많아요. 다른 이의 의견이나 생각을 받아들이지 않고 자신의 의견을 강요하며 만족하기 어렵다고 느낄 때 쉽게 적대적으로 대응하는 경우가 있죠.

이런 태도로 살다 보면 노년기에는 불행과 스트레스를 겪을 수 있어요. 정작 원하는 것을 얻지 못하면서 내면의 고통을 겪게 되는 경우가 많거든요.

그러니까 순수하고 바른 태도로 세상을 보고 사람들을 대해야 해요. 이런 태도는 심리적인 안정과 행복을 가져다줍니다.

내가 귀하고 아름다운 존재임을 잊지 말자

장미뿐만 아니라 이름 없는 들꽃도 아름다워요. 공작새만 큼이나 참새도 매우 아름다워요. 사실 이 세상에 존재하는 모 든 것은 다 아름다워요. 생명체들은 자연이라는 훌륭한 예술 가의 작품이거든요.

거기에 부수되어 생기는 것들도 아름다워요. 나무 열매나 파도에서 떨어지는 물방울도 말이죠. 올리브 열매가 성장하 는 모습도 아름답지만 썩어가는 모습 또한 매우 아름다워요. 심지어 고개 숙인 벼도 아름다움을 담고 있고 사자의 입에서 흘러나오는 거품조차도 아름다운 것이죠. 모든 것은 귀하고 아름다워요. 물론 당신도 귀하고 아름다운 존재죠. 그 사실을 잊지 마세요.

이 세상에 존재하는 모든 것은 다 아름다워요.
생명체들은 자연이라는 훌륭한
예술가의 작품이거든요.

당신도 귀하고 아름다운 존재죠.
그 사실을 잊지 마세요.

육체 못지않게 정신의 근육을 키워야 한다

고대 그리스의 의사 히포크라테스는 많은 사람의 병을 치료했죠. 그러나 그 자신은 병에 걸려 죽었어요. 권력으로 천하를 지배했던 알렉산더, 폼페이우스, 가이우스 카이사르는 전장에서 많은 적을 무찔러 세계를 지배했지만 결국엔 죽음을 피할 수 없었죠. 헤라클레이토스는 우주의 모든 변화가 큰 불로 인해 소멸하고 새로이 태어난다는 순환의 법칙을 설명했지만 그 자신은 결국 진흙 속으로 돌아갔죠.

아무리 위대한 삶을 살았다고 해도 결국 육체는 죽음 앞에서 굴복합니다. 그러나 정신은 그렇지 않죠. 육체가 죽어도 정신은 영원하고 더 강합니다. 육체는 진흙과 같이 부패할 수 있지만 정신은 다이아몬드처럼 순환하고 영원합니다.

우리는 육체의 건강에만 집착하기보다는 정신적인 건강에도 신경 써야 합니다. 육체가 끝나면 정신도 끝나는 것이라 말하는 사람도 있지만 그런 것만은 아닌 듯해요. 그것은 우리가 아직 모르는 영역이죠. 육체의 수명보다는 정신의 영속성이 훨씬 더 오래 남을 수 있답니다.

괜한 걱정은 자신의 마음을 지치게 한다

당신이 들은 말을 너무 심각하게 받아들이지 않아도 돼요. 예를 들어 누군가가 당신을 나쁘게 말했다는 걸 전해 들었다고 해보죠. 그래도 그것 때문에 흥분하거나 그 사람을 원망하거나 다투려고 하지 않아도 돼요. 그건 전해 들은 말일 뿐이에요. 직접 들은 게 아니거든요. 그러니까 그걸 그 이상으로 생각하거나 마음에 너무 담아두지 않아도 돼요.

또 다른 상황을 생각해 보죠. 당신이 사랑하는 사람이 아프다는 소식을 들었다고 합시다. 하지만 그렇다고 너무 당황하거나 슬퍼할 필요는 없어요. 그 사람이 잠시 쉬면 회복할 수도 있거든요.

최초의 감정, 그 이상으로 과도하게 상상하거나 걱정하진 않는 게 좋아요. 단순히 현실을 바라보는 것만으로도 분명 더 나은 상황을 만들 수 있어요. 그러니까 지나친 걱정이나 마음에 과도한 부담을 주지 말아요. 여러분의 마음을 평온하게 두세요. 함께 해결할 수 없는 문제들은 아마 생기지 않을 거예요.

자기감정을 조절하는 훈련이 필요하다

때로는 감정을 통제하는 것이 쉽지 않다는 것을 알죠. 특히 화가 치밀어 오르면 그 감정을 멈추게 하는 것이 정말 어려울 때가 있어요. 우리의 본능은 현실적인 상황과 무관하게 표출되기도 하죠. 그렇다고 이 감정을 통제할 수 없다는 건 아닙니다. 화를 최소화하고 만약 화를 드러냈다면 멈추는 법을 알아야 해요. 화가 날 때 그걸 느끼고 화가 치밀어 오르고 있다는 것을 먼저 깨닫는 것이 중요해요. 그리고 그 노여움이 어떤 결과를 가져올지 생각해 보세요. 아무도 좋지 않은 결과를 바라지 않을 거예요. 그리고 호흡을 가다듬고 한 발자국 물러나세요. 그러면 잠시 마음의 평화를 찾을 수 있을 거예요.

두 눈을 감아보세요. 두 눈을 감는 순간이 멈춰야 할 시점입니다. 멈추고 돌이켜 생각해 보면 그리 화낼 일도 아니라는 걸 깨닫게 됩니다. 당신이 그 감정에 지나치게 빠져들지 않게 그 순간을 이해하고 그 감정을 가라앉히는 데 집중해 보세요. 이 감정은 마치 우리가 잠재력을 통제하는 것과 같아요. 감정 조절을 하다 보면 당신은 더 큰 평온을 찾을 수 있을 거예요.

과거의 양면성을 이해해야 한다

과거는 이미 지나간 시간이지만 그 자체로 무의미한 것은 아닙니다. 과거는 곧 미래가 될 수도 있어요. 시간은 계속해서 흘러가기 때문에 과거의 경험을 토대로 미래를 상상하고 예측할 수 있어요. 실제로 현재의 일들은 이미 누군가의 경험이거나 과거 일들의 반복인 경우가 많죠. 그래서 우리가 오늘 행하는 일은 미래에 영향을 미칠 수 있는 거죠.

때로는 과거를 돌아보고 지난 일들을 반성하며 미래를 준비하는 것도 중요합니다. 그렇게 하면 앞으로의 길이 보이기 시작할 거예요. 그렇다고 너무 과거에 얽매이거나 지나간 일에 지나치게 매몰되어 미래를 예측하는 데 제대로 집중하지 못하는 것은 문제일 수 있답니다.

과거를 돌아보고 지난 일들을 반성하며
미래를 준비하는 것도 중요합니다.

그렇게 하면
앞으로의 길이 보이기 시작할 거예요.

지식은 과시하려고 쌓는 게 아니다

지식을 얻는 것이 인생의 큰 즐거움이고 권력보다는 지식을 중시하는 사람이 있을 겁니다. 이런 사람들은 정말 괜찮은 사람입니다. 자신의 지식을 이용해 마음을 다스리고 주변을 도우면서 사회에 기여하는 데 힘쓴다면 그는 참된 지식인이자 발전을 이끌어가는 사람일 거예요.

하지만 지식을 남들보다 뛰어나다고 과장하며 말하는 사람도 있어요. 자신의 지식을 자랑하며 우월해 보이려는 태도를 취하는 사람 말이죠. 그런 사람은 지식의 참된 가치를 이해하지 못하고 오히려 사기를 치는 경향이 있어요. 얕은 지식으로 다른 이를 현혹하고 자기보다 못한 부류를 무시하거나 탄압하는 행동을 하기도 하죠.

겉으로는 박사처럼 보일 수 있지만 실제로는 진짜로 바보일 수 있답니다. 더구나 아는 게 없어서 용감하지도 못하고 행동을 꺼리는 모습을 보이기도 하죠.

오늘의 행동과 태도가 명예를 부른다

명예라는 것은 그다지 쉽게 얻을 수도 없고 얻는다고 해도 그것을 유지하기도 어려워요. 또한 성공하고 부유해져도 반드시 명예가 뒤따라오는 건 아니죠.

명예는 변덕스러워요. 한순간에 영광을 선사하고 다음 순간에는 절망을 안겨주기도 하죠. 명예로운 삶을 살다가도 때로는 사악한 사람들에게 현혹되어 비참한 결과를 맞이하기도 하죠.

역사 속에는 명예를 누리던 지도자도 있었지만 그들 중에는 마지막에 좋지 않은 모습을 보인 사람도 있어요. 하지만 반대로 처음에는 부족해 보였던 사람이 나이를 먹으면서 명예롭고 존경받는 지도자가 된 사례도 있죠.

지금 명예를 얻었다고 해서 오만해져서도 안 되고 명예를 얻지 못했다고 좌절할 필요도 없어요. 명예는 미래에도 얼마든지 얻을 기회가 있으니까요. 그렇기 때문에 오늘의 행동과 태도에 신경 쓰면서 내일을 준비하는 게 중요하죠.

고난과 환락을 잘 이해해야 한다

고난은 때로는 우리를 깊은 자아의 공간으로 이끌어주기도 하고 굳건한 의지와 용기를 키워주기도 합니다. 그러나 가끔은 고난 앞에 무릎을 꿇는 순간도 있죠. 이는 인간의 한계를 인정하는 순간이기도 합니다.

고난을 극복하고 그 과정에서 배우는 것들은 우리의 삶에 놀라운 의미를 부여해 줍니다. 힘든 상황 속에서 얻는 작은 기쁨이 우리에게 희망을 주는 순간이기도 합니다. 고난은 우리에게 인내와 강인함을 심어주고, 가끔은 더 나은 내일을 꿈꾸게 만들어줍니다.

반면 환락은 때로는 우리를 현실에서 멀어지게 하고 취약한 순간을 끌어내기도 합니다. 그렇다고 환락이 단지 나쁜 것만은 아니에요. 휴식을 취하고 일상을 잊고 즐거움을 느낄 수 있는 소중한 순간이기도 하죠. 하지만 환락이라고 해도 충분히 이해받을 만한 범위에서 행해야 해요. 지나친 이탈은 결국 나 자신을 망가뜨릴 수 있죠.

가슴 뛰는 삶을 살아야 한다

심장은 몸의 중요한 부위 중 하나입니다. 그 위치만으로도 얼마나 중요한지 알 수 있죠. 뿐만 아니라 심장은 수십 개의 갈비뼈로 보호받고 있죠. 심장이 뛰면 우리는 살고 심장이 멈추면 죽게 됩니다. 그래서 심장은 삶의 기반과 근간이라고 생각할 수 있어요.

또한 심장은 용기를 키워주는 역할을 합니다. 심장이 주는 용기가 할 수 없다고 생각하는 일도 가능하게 만들어요. 용기를 가지면 어려운 일에도 도전할 수 있죠.

심장은 사랑을 담당합니다. 사랑은 심장에서 나와요. 누군가를 마음에 품고 있다면 그 감정은 가장 먼저 심장에서 시작됩니다. 두근두근하고 설레고 상대방에게 고백하고 싶은 마음이 생겨나요.

당신의 가슴을 한번 쳐보세요. 그리고 자신에게 진실한 질문을 해보세요. 내 심장은 진짜로 뜨거운 걸까. 삶을 살면서 진심을 잘 전달하고 있는가.

위험을 대비한 방어가 필요하다

운동을 하다 보면 자칫 상처를 입을 수 있어요. 상대의 팔꿈치에 옆구리를 찔릴 수도 있고 상대의 손톱이 내 얼굴을 할퀼 수도 있죠. 가끔 예상치 못한 상황들이 벌어지죠. 상대가 나쁜 의도를 가진 게 아니라면 이해하고 받아들여야죠. 다만 앞으로의 경기를 위해 최소한의 방어는 필요하죠.

인생도 이와 비슷해요. 작은 상처를 입었을 때 그냥 넘어가지 말아야 해요. 계속 따지라는 게 아니에요. 그때는 방어적으로 대처하고 경고를 해둘 필요가 있어요. 그래야 인생이 당신을 함부로 무시하지 않아요. 그리고 위험도 피해갈 수 있죠.

상처를 입었을 때
그냥 넘어가지 말아야 해요.
그때는 방어적으로 대처하고
경고를 해둘 필요가 있어요.

그래야 인생이
당신을 함부로 무시하지 않아요.

질투는 가장 불행한 감정이다

인간은 다양한 감정을 안고 살아갑니다. 그중에는 사랑, 관심, 만족과 같은 긍정적인 감정도 있지만 미움, 시기, 질투와 같은 부정적인 감정도 존재해요. 그러나 그중에서도 가장 불행한 감정은 질투라 말할 수 있어요.

강한 질투심을 품은 사람들은 남의 행복을 용납하지 않고 오히려 그것을 손상시키려 하는 경우가 있죠. 그 결과 자신 또한 불행의 늪에 빠지게 됩니다. 자신의 행복에 만족하지 못하고 다른 사람이 가진 것에만 괴로워하고 종종 자신의 이익을 위해 남의 이익을 빼앗으려 하는 상황이 벌어지기도 합니다.

질투심이 지나치게 되면 그동안 쌓아온 덕망은 사라지고 때로는 우리의 뛰어난 재능까지도 상실할 수 있습니다. 그렇다고 질투의 감정을 버린다는 건 쉽지 않아요. 인간은 그런 감정을 가진 채 살아가야 하는 경우도 있죠. 그것을 극복하고 자신을 되돌아보며 더 큰 성장을 이루어내는 것이 중요해요. 이 감정을 이해하고 통제할 수 있는 능력이 결국 우리가 성장하고 발전하는 데 큰 도움이 될 테니까요.

스트레스가 빠져나갈 통로가 필요하다

여러분은 크고 작은 스트레스 속에 노출되어 있어요. 목적지로 이동하는 시간에도 스트레스는 여전해요. 자동차 경적 소리, 사람들의 소란스러운 이야기 소리, 음악 소리, 휴대폰 소리 등으로 머리가 뒤죽박죽이 되죠.

많은 사람이 이러한 소리를 의식적으로 듣지 않으려고 노력하지만 이러한 노력이 오히려 스트레스를 더 증폭시키곤 해요. 또한 우리 곁에는 항상 낯선 사람들이 있기에 신경을 쓰게 되죠. 혼잡한 지하철이나 버스에서 낯선 사람들을 만나게 되죠. 괜한 불미스러운 일이 발생하지 않을까 하는 마음에 늘 경계하게 되죠. 이러다 보니 내 안에 늘 짜증과 분노가 있어요.

스트레스는 낯선 환경이나 낯선 시간에서도 올 수 있죠. 세상이 복잡해지면서 스트레스는 늘어나고 있어요. 모든 병의 근원은 스트레스라는 말이 있어요. 우리는 스트레스를 최소화해야 해요. 그래서 저마다 마음의 통로를 만들어 스트레스가 쌓이지 않고 밖으로 나가게 해야 해요.

여러분은 그 통로를 갖고 있나요? 나만의 통로를 한번 만들어보세요.

허세와 권위에서 벗어나야 한다

황제라는 위치에 있는 사람은 자연스럽게 자신의 지위와 권력에 대해 허세를 부리거나 권위를 강조하는 경향이 있죠. 그러나 허세나 권위는 황제에게만 한정된 것이 아니라 모든 사람에게서 나타날 수 있는 욕망입니다.

우리가 알아야 할 것은 허세와 권위를 부각하는 것이 결코 행복을 가져다주진 않는다는 거죠. 오히려 간소하고 정직하며 순수한 삶을 살아가는 것이 진정한 행복의 길입니다. 정의를 중시하고 친절한 마음을 가지며 자신의 의무를 충실히 수행하는 것이 중요합니다.

우리는 이성적으로 일을 처리하고 사물에 대한 경건한 태도를 가지며 온화한 마음으로 사람들을 대해야 합니다. 지식과 지혜를 쌓아 올려서 사물을 정확히 파악하고 시작한 일은 끝까지 책임 있게 처리해야 합니다. 또한 자신을 비난하는 사람에게 반박하지 않고 포용하는 마음으로 대해야 합니다. 남의 의견을 경청하고 평가할 때 편견을 버리며 공정하게 판단하는 것도 중요합니다. 소소한 삶에서도 만족을 느끼고 시간을 아끼며 공부하고 성장해야 합니다. 이런 삶을 살면 우리의 삶은 아름다움과 품격을 가진 삶으로 기억될 것입니다.

선택의 기준을 갖고 있어야 한다

외모가 뛰어난 사람이 있다고 상상해 봅시다. 그 사람을 보자마자 당신은 그 사람에게 반할 수도 있어요. 하지만 당신이 그 사람의 모든 것을 사랑하는 것은 아닐 겁니다. 단지 외모 때문에 감정이 생긴 거죠. 만약 신이 그 사람에게 아름다운 외모를 주지 않았다면 아마 처음부터 당신은 그 사람에게 별 관심도 없었을지 모릅니다.

누군가의 지성이나 역량 때문에 그 사람을 사랑한다고 해 봅시다. 그것이 진정한 사랑일까요? 아니에요. 그 사람의 장점이 사라지면 당신의 마음도 변할 거예요.

이런 점을 염두에 두고 누군가를 사랑하기 위해 어떤 기준을 갖고 있어야 할지 고민해 볼 필요가 있는 거죠.

누군가의 지성이나 역량 때문에
그 사람을 사랑한다고 해봅시다.
그것이 진정한 사랑일까요?

그 사람의 장점이 사라지면
당신의 마음도 변할 거예요.

돈과 권력이 인생의 전부는 아니다

많은 사람이 돈과 권력을 삶에서 가장 중요한 가치로 여기는 경향이 있어요. 이런 생각은 우리가 자라온 환경과 교육에서 크게 영향을 받은 것일 수 있어요. 누군가는 자신이 어렸을 때 이런 가르침을 받지 않았다고 말할 수도 있겠지만 사실 우리는 무의식적으로 그런 생각을 받아들이곤 했죠. 돈과 명예가 함께 있다면 행복하고, 그중 하나라도 없으면 불행하다는 믿음은 많이 퍼져 있어요.

그래서 성인이 되면 많은 사람이 돈과 권력을 얻는 게 인생 목표가 되고 그것을 위해 열심히 노력하게 되는 거죠. 그 결과, 자신들은 돈과 권력을 위해 모든 것을 희생하는 경우가 많아요.

돈과 권력을 얻기 위해 노력하는 사람들도 가끔은 여유를 즐기려고 노력하죠. 하지만 다음 날에는 다시 돈과 권력을 얻기 위해 분주해지고 에너지를 쏟으며 발버둥 치게 되는 거죠.

　그럼에도 불구하고 돈과 권력을 많이 갖는다고 해서 반드시 행복한 건 아니에요. 실제로 그렇게 되어도 더 행복해지지 못하는 경우도 많죠. 하지만 사람들은 여전히 없는 것보다 갖는 게 더 나은 것으로 생각하는 경향이 있어요. 그러나 그런 삶이 얼마나 허전한지를 알지 못하는 거죠.

사람을 이해하는 사색

만약 지금이 당신의 인생에서 가장 외롭고 쓸쓸한 시기라면 미래에 대하여 미리 상상하든지, 혹은 결코 다시 되돌릴 수 없는 과거를 회상하는 일은 그만두라. 오히려 아주 바쁘게 움직여서, 마음속 고동과 걱정이 제거되도록 노력하라. 그러다 보면 어느 날, 아마도 당신이 그 일을 미처 마치기도 전에 그토록 간절하게 바라던 변화가 갑자기 찾아들게 될 것이다.

- 앙리 아미엘

돈 빌려 달라는 요청을 거절함으로써 친구를 잃는 일은 적지만,
반대로 돈을 빌려줌으로써 친구를 잃기는 쉽다.

- 쇼펜하우어

사랑은 오고가는 따듯한 마음이다

일방적인 건 사랑이 아닐 수 있습니다. 사랑은 공존과 상호 작용의 과정이며 결과입니다. 단순히 주는 것만으로 혹은 받는 것만으로 완전한 사랑을 말할 수 없죠. 사랑은 균형의 상태에서 피어납니다. 그 균형이 유지되지 않으면 사랑은 오래가지 못할 뿐만 아니라 결국 무너지고 맙니다.

사랑이 없는 야심 또한 위험합니다. 무모한 야망은 때로 인간의 분노와 증오로 변할 수 있어요. 이런 감정이 생겨나는 이유는 어릴 적의 상처나 성인이 된 후에 겪은 불공평한 대우 때문일 수 있죠. 이는 남들로부터 받은 고통과 박해로 인한 것이기도 합니다.

또한 자아가 지나치게 강하면 일종의 감옥에 갇힌 것과 같아요. 그 감옥에서 벗어나지 않는 한 삶을 충분히 즐길 수 없어요. 우리는 반드시 그런 자아의 감옥에서 벗어나야 합니다. 진정한 사랑과 애정을 경험하고자 한다면 그 벽을 뛰어넘어야 해요.

　사랑은 받는 것만큼 주는 것 역시 중요합니다. 받는 것만큼 주는 것이 필요합니다. 이런 균형이 이루어졌을 때 그 사랑은 완전해지고 진정한 사랑의 최고 경지에 이를 수 있습니다. 그런 사랑이야말로 마음 깊은 곳에서 피어나는 것이며 우리가 얻을 수 있는 가장 아름다운 것 중 하나입니다.

사랑은 받는 것만큼 주는 것 역시 중요합니다.
받는 것만큼 주는 것이 필요합니다.

이런 균형이 이루어졌을 때 그 사랑은 완전해지고
진정한 사랑의 최고 경지에 이를 수 있습니다.

누구나 사랑이라는 가치를 꿈꾼다

이 세상에 사랑만큼이나 강렬한 욕망이 있을까요? 어디서도 그렇게 깊고 아름다운 감정은 찾아보기 힘든 것 같습니다. 모두가 사랑을 받고 싶어 합니다. 어쩌면 자기를 보여주는 이유가 더 많은 애정을 받기 위한 것일 수도 있어요. 사랑의 욕구는 우주보다도 넓고 바다보다도 깊습니다. 그 깊이를 이해하려 노력한다고 해도 정말 어려운 일이겠죠. 어떤 사람이든 그들의 행동이나 태도, 심지어 성격까지도 결국엔 사랑의 욕구에서 비롯된다는 것을 알게 됩니다. 사랑받고 싶다는 욕구는 부끄럽거나 나쁜 것이 아니에요. 오히려 이는 가장 자연스러운 욕구 중 하나죠.

어느 날, 우리는 우리를 사랑하고 이해해 주는 누군가를 만날 수 있습니다. 그 사람은 우리 마음속에 문득 찾아올지도 모르죠. 반면에 우리도 또 다른 누군가에게 사랑받기 위해 서성거리고 방황할 수 있습니다. 사람으로서 사랑 없이 살아가는 것은 불가능한 일입니다.

　사랑은 일방적이거나 과도한 집착이 아니어야 합니다. 돈이나 명예 같은 외부적인 조건에 의해 사랑을 추구해서도 안되죠. 진정한 사랑을 위해 우리는 목숨까지 걸기도 합니다. 우리는 자신의 시간, 돈, 재능, 심지어 삶까지 내어주기도 하죠. 그것이 바로 아름다운 사랑이며 특별한 사랑의 모습이 아닐까요? 그래서 아무나 할 수 없는 것이기도 합니다. 사랑은 그 자체로, 그 어떤 것보다도 가치 있는 것입니다.

친구만큼 아름다운 단어는 없다

   가난한 사람에게는 빵 한 조각이 행복일 수 있어요. 그리고 가뭄으로 고통받는 이들에게는 한줄기 비가 행복일지도 모릅니다. 돈이 없어 고단한 삶을 견디는 사람들에겐 돈이 행복일 수도 있어요. 행복은 사람마다의 관점에 따라 달라집니다. 그렇지만 모든 이가 공유하는 행복의 주요한 원천 중 하나는 진정한 친구를 얻는 겁니다.

   물론 진정한 친구를 얻는다는 건 쉬운 일이 아니죠. 성숙한 시기에 진정한 친구를 얻는다는 것은 참으로 축복받은 일이죠. 진정한 친구는 깨달음을 주고 당신을 인정하며 이해해 줍니다. 그런 친구가 없다면 지식조차 무의미할 수 있죠.

   진정한 친구는 반지와 같아요. 잘 다뤄야 합니다. 반지가 너무 꽉 끼면 손가락이 다칠 수 있고 너무 헐거우면 빠질 수 있죠. 진정한 친구는 다이아몬드와 같아요. 깊이가 있고 우아하며 섬세하며 어떤 충격에도 부서지지 않는 견고함이 있어요. 진정한 친구는 배신하지 않고 당신을 악의 구렁텅이에 빠뜨리지 않습니다.

다만 의심이란 독이 친구와 당신 사이를 갈라놓을 수 있다는 것을 기억하세요. 진정한 친구 관계를 의심만으로 망칠 수 있다는 거죠. 함께 많은 것을 겪고 공유하는 우정과 사랑으로 의심을 극복하고 진정한 친구 관계를 오래 지속하세요.

진정한 친구는 한 명으로 충분하다

우리는 대부분 친구를 갖고 싶지만 때로는 그것이 어려울 수도 있어요. 그렇다고 외롭게 지낼 수만은 없죠. 다른 사람과 연결되고 소통하며 지내는 것은 우리의 본성이기 때문입니다. 그러나 때로는 친구를 얻기 위해 너무 애를 쓰는 것보다 자연스럽게 찾아가는 게 더 나을 수 있어요.

친구는 다양한 형태와 모습을 가지고 있어요. 일상적인 이야기를 함께 나누는 친구, 혼자 식사하는 게 불편해서 함께 먹는 친구, 여행을 함께 떠날 수 있는 친구, 기쁨과 슬픔을 함께할 수 있는 친구 등이 있죠. 이런 종류의 친구들은 의외로 주변에서 쉽게 찾을 수 있어요. 하지만 이런 친구들이 과연 내가 어려울 때 그리고 정말 도움이 필요할 때 나의 곁으로 달려올까요. 내가 문제와 갈등에 직면했을 때 진정한 도움을 주는 사람일까요. 장담할 순 없죠. 나 또한 그들에게 진정한 친구인가 생각해 봐야 합니다.

　진정한 친구라 함은 나의 눈물을 이해하고 위로해 주는 사람이죠. 이런 친구가 단 한 명이라도 있다면 그것만으로도 충분한 겁니다. 그래서 가끔은 많은 친구보다도 한 명의 진정한 친구를 갖는 것이 더 큰 보람을 주기도 하죠.

친구는
다양한 형태와
모습을 가지고 있어요.

진정한 친구라 함은
나의 눈물을 이해하고
위로해 주는 사람이죠.

신중하고 현명한 말이 필요하다

사람과 사람이 만나면 가장 먼저 하는 일은 대화를 나누는 겁니다. 대화는 생각을 전달하고 상호 간의 의견을 조율하는 수단으로 서로의 모습을 드러내는 중요한 과정이죠. 그래서 대화에는 기술이 필요합니다.

대화를 할 때는 주의가 필요합니다. 상대방을 우습게 보거나 중요하지 않게 여기면 안 됩니다. 대화는 때로는 순간의 부주의함으로 인해 미묘하게 변화가 찾아올 수도 있어요. 글을 쓸 때는 몇 차례 수정이 가능하지만 대화에서는 그렇지 않습니다. 한번 내뱉은 말은 되돌릴 수 없기 때문에 일상 대화에서도 주의가 필요합니다. 삶을 경험한 사람들은 상대방의 언어로 그 사람의 내면을 파악할 수 있죠. 소크라테스는 "그래, 어서 말해보라. 네가 말하는 순간 나는 너를 다 볼 것이다"

라고 말했어요.

대화에 기술이 필요하지 않다고 말하는 사람도 있어요. 하지만 이는 모든 사람과의 관계가 친밀하지 않기 때문일 겁니다. 상대방을 이해하고 맞추는 것은 중요해요. 모든 사람이 당신과 가까운 관계는 아니기에 신중한 대화와 명확한 의사 전달이 필요합니다. 상황과 사람에 맞게 말을 선택하고 언제나 상대방의 감정과 기분을 고려해야 해요. 많은 말보다 신중하고 현명한 말이 더 중요해요.

이성에 대한 호기심은 자연스러운 거다

　남자와 여자가 함께 어울리며 조화를 이루는 것이 아름답고 자연스러운 일이라고들 말해요. 하지만 때로는 남자와 여자가 따로 떨어져 사는 곳도 있죠. 감옥이나 수도원 같은 곳에선 남자는 남자들끼리 혹은 여자는 여자들끼리 생활하죠.

　거리가 떨어져 있어도 남자와 여자는 서로에 대한 생각을 멀리 두지 않는다고 해요. 그들도 때로는 이성에 대한 생각을 하고 서로를 그리워하기도 하죠. 함께할 수 없다는 사실이 이상하게 느껴질 때도 있을 거예요.

　요즘에는 부부조차도 서로의 사랑을 확인하지 않는 경우가 있다고 해요. 혼자 사는 사람들도 많은데 그들도 이성에 대한 감정을 갖고 그리움을 느낄 때가 있어요. 모든 사람은

이성을 항상 원하고 언제나 서로를 이해하고 함께하고 싶어
하는 욕망을 갖고 있어요.

우정은 삶의 꽃을 키운다

우정은 마치 마법 같아서 설명하기 까다로워요. 수학 공식처럼 명확하지도 않아요. 우정은 때로는 파도가 바위를 갈아 몽돌을 만들듯 시간이 지나며 차츰 생겨나기도 하고 때로는 해와 달이 바뀌는 시간 사이에 갑자기 솟아날 수도 있어요. 서로의 진실한 마음이 맞닿는 순간 영원히 이어질 수도 있죠.

우정은 삶의 조각들에서 아름다운 꽃처럼 피어날 수도 있고 내일의 희망과 기쁨 속에서 자라날 수도 있어요. 서로 다른 곳에 있어도 늘 같은 방향을 바라보며 친구를 감시하거나 의심하지 않는다는 거예요.

우정은 당신의 삶을 행복하게 만들기를 원하고 당신의 성장과 목표를 응원하며 때로는 자신의 손과 발 그리고 마음까

지 주고받을 수 있어요. 무엇보다도 항상 당신을 친구로 자랑
스럽게 여기고 후회하지 않을 거예요.

생각지도 못한 인연이 있을 수 있다

이 세상에는 많은 사람이 살고 있지만 우연히 만나 우리의 삶에 특별한 의미를 준 사람들도 있어요. 그렇기 때문에 낯선 사람일지라도 소중히 살펴봐야 해요. 그들의 마음을 이해하고자 노력해야 해요. 그들이 무엇을 생각하고 원하는지 알아야 그들의 행동과 말에서 예측할 수 있어요.

평소에 우울한 마음을 가진 사람은 때때로 불행한 선택을 할 수 있어요. 나쁜 마음은 때로 범죄로 이어질 수도 있죠. 그리고 꿈만 좇는 사람은 현실을 잊고 이상적인 이야기를 자주 할 수 있어요. 때로는 그들이 하는 말은 이성이 아닌 열정의 변질된 표현일 수 있어요.

끊임없이 웃는 사람이 무조건 바보인 것도 아니고 웃지 않는 사람이 무조건 어두운 마음을 품은 사람도 아니에요. 질문을 자주 하는 사람이 꼭 염탐을 하는 사람이거나 경솔한 것도 아니에요.

　우울한 얼굴을 하는 사람이 게으르거나 불만이 많은 사람이라고 단정하지 마세요. 그들의 친구가 되어주세요. 당신이 우울의 늪에 빠질 때 어쩌면 그들이 당신의 친구가 되어줄 수도 있어요.

아낌없이 주는 사랑이 진짜 사랑이다

마음 깊은 곳에는 많은 사랑이 있어요. 하지만 그중 절반만 남겨두고 나머지 절반만 주었다고 생각해 봐요. 그럼 그걸 사랑이라고 할 수 있을까요? 사랑은 반으로 나눠 줄 수 있는 게 아니에요. 조금만 주거나 조건을 붙여 주는 사랑도 진정한 사랑이라 할 수 없죠. 진짜 사랑은 모두를 다 주어야 해요. 아무것도 남김없이 말이죠.

마음 가득히 담긴 100의 사랑은 많은 일을 이룰 수 있어요. 완전히 주지 못하는 사랑은 미움과 질투, 실망과 패배를 가져와요. 반만 준 사랑으로 이득을 챙긴다고 해도 진정한 승리는 아니에요.

당신의 사랑이 당신의 행동과 미래를 결정한다는 거죠. 당신이 모든 것을 아낌없이 바쳤을 때 그 사랑은 당신을 승자로 만들어줄 거예요. 그래서 사랑을 베풀고 모든 걸 줄 수 있는 만큼 주는 게 중요해요.

이 세상에는 사랑을 필요로 하는 사람들로 가득 차 있어요. 특히 아픈 몸과 마음을 가진 이들은 불안해하며 하루하루를 보내고 있어요. 그들의 삶을 다 책임질 순 없지만 분명한 건 사랑이 그들을 치유하는 훌륭한 치료제라는 거죠. 마음의 상처와 영혼의 상처를 치유하기 위해 사랑과 관심을 쏟아주세요. 그것이 상대를 배려하고 더불어 살아가는 최소한의 예의라는 거예요.

남자는 여자를 찾아 헤맨다

여자들은 모두 독특한 매력을 지니고 있어요. 그 특유의 매력은 때로는 유혹이나 매혹으로 표현되기도 해요. 나이나 경험에 상관없이 모든 남성은 여성의 매력에 민감해요. 하지만 많은 남성들도 여성에 대해서 완벽히 이해한다고 말할 수는 없어요. 그래서 남성들은 쉽게 여성의 매력에 빠지거나 유혹받게 되는 법이죠.

여성의 아름다움은 어디서든 남성의 시선을 사로잡는 매력을 지니고 있어요. 여성의 달콤한 속삭임은 남성의 욕망을 자극하고 손길을 원하게 만들기도 해요. 그 결과 남성들은 자연스럽게 여성을 향해 손을 뻗거나 그들을 찾아 헤매게 되죠. 이러한 상황에서 남성은 여성을 얻지 못한 절망감을 느낄 수도 있어요.

아마도 남성들의 머릿속은 여성에 대한 것으로 가득 차 있을지도 모르겠어요. 여성으로부터 자유로운 남자 역시 이 세상에는 존재하지 않아요.

너그럽게 포용하는 게 필요하다

어떤 사람이 잘못을 저질렀을 때 그 사람을 비난하기 전에 이렇게 생각해 보세요. '내가 왜 그 사람의 행동을 잘못이라고 생각하게 되었을까?' 이런 근거를 한번 돌아보는 거죠. 비록 그 사람의 잘못이 분명하게 보일지라도 화를 내기보다는 한 발 물러서서 보는 건 어떨까요? 혹시 그 사람은 이미 자기 잘못 때문에 상처받고 자책하고 있을 수도 있답니다.

우리는 모두 크고 작은 실수를 범해요. 두 번 다시 같은 실수를 하지 않겠다고 약속하기는 정말 어려운 일이에요. 실수는 우리 모두의 성격과 함께하는 부분이에요. 이런 본성에 따라 행동하는 건 자연스러운 거예요.

누군가가 잘못을 저질렀다고 해서 곧장 화를 내는 것보다는 먼저 자신의 마음가짐을 돌아보는 게 좋을 거예요. 그 사람에게 너무 일찍 화를 내지 않는 게 중요해요. 이해하고 배려하는 마음으로 접근해 보는 건 어떨까요.

순수한 진실이라 말하기 어렵다

사람들은 종종 세상을 진실과 허위로 나누어 생각하지만 순수한 진실은 무언가에 완전히 속하지 않아요. 순수한 진실은 맑은 눈처럼 투명하고 얼음처럼 맑고 완벽한 것이죠. 하지만 이 순수한 진실은 아마도 완전히 없는 것일 수도 있어요. 때문에 우리가 아는 진실이 순수한 진실로 오해되기도 해요. 순수한 진실은 아마 존재하지 않는, 거의 투명한 상태의 '없음'일 수도 있어요. 그래서 순수한 진실의 시각에서 보면 진실 자체도 허위이며 사실은 아무것도 없는 셈이에요.

우리는 살인이 나쁜 것이라고 믿고 있어요. 왜냐하면 살인의 잔인함을 알기 때문이죠. 하지만 그렇다고 해서 살인을 하지 않는 것이 자연스럽게 선이라고 말할 수는 없어요. 선은 더 깊은 수준의 문제예요.

우리는 혼합된 진실과 허위, 악과 선이 섞인 세상에서 살아가고 있어요. 때문에 때로는 진실과 허위, 선과 악이 무엇인지 정확히 알기 어려울 때도 있어요. 이런 것들은 절대적인 것이 아니라 상황에 따라 달라질 수 있는 복잡한 문제들이에요.

13
Arthur Schopenhauer

끼리끼리 모이는 건 당연하다

유유상종(類類相從)은 비슷한 특징이나 성질을 갖는 것들끼리 몰려다니는 현상을 말해요. 이것은 동물이나 사물이 서로 비슷한 특성을 갖는 동종끼리 몰려다니는 자연스러운 현상을 설명하는 것입니다. 백조는 백조끼리, 까마귀는 까마귀끼리. 우리도 성격이나 생각이 비슷한 사람들과 자연스럽게 어울리는 경향이 있어요.

이것은 만물의 본성 중 하나로서, 비슷한 특성을 가진 것들은 서로 끌리고 결합하려는 성질을 갖고 있어요. 흙의 성질을 가진 것들은 흙으로 향하고 물의 성질을 가진 것들은 물로 향하는 것처럼 말이죠. 이들은 서로 어울리며 결합하기를 원하죠. 하지만 세상에는 공통점을 거부하는 사람들도 있어요. 같은 것을 거부하며 협력을 꺼리고 상호작용을 원하지 않는 경우도 있죠. 그렇다고 그들을 이상하게 보거나 비난할 필요는 없어요. 그들 또한 우리가 모르게 공통점을 가진 사람들과 최소한의 교류를 하고 있으며 단지 자신만의 독특성과 개성을 중시하는 측면이 있는 것뿐이니까요.

상대를 대할 때 반드시
존중심과 진심으로 다가가야 한다는 거예요.

거짓이나 속임수로 상대의 마음을 얻었다면 그건 사기이고
그 관계는 오래 지속될 수 없답니다.

상대의 마음에 정성을 쏟아야 한다

상대를 내 편으로 만들려면 일단 상대방의 기분을 좋게 할 만한 달콤한 말을 사용하세요. 그리고 결정적으로 상대방을 위해 모든 것을 희생하는 모습을 보여주세요. 그러면 상대방은 완전히 여러분을 믿게 되고 여러분을 따르게 됩니다. 이렇게 하면 상대방을 맘대로 조종할 수 있어요.

그러나 안타깝게도 늘 누군가가 우리의 마음을 먼저 움직이게 합니다. 우리는 이것을 알면서도 종종 속아 넘어가곤 하죠. 하지만 가장 중요한 게 있어요. 상대를 대할 때 반드시 존중심과 진심으로 다가가야 한다는 거예요. 거짓이나 속임수로 상대의 마음을 얻었다면 그건 사기이고 또한 그 관계는 오래 지속될 수 없답니다.

보일러 같은 마음으로 다가가야 한다

따뜻한 마음을 가진 사람은 상대가 보여주는 반응에 크게 상처받지 않아요. 왜냐하면 진심에서 비롯된 관심을 가졌기 때문이죠. 심지어 상대방이 배신해도 분노하지 않아요. 왜냐 하면 처음부터 조건 없이 주는 사랑이기 때문이죠.

따뜻한 관심을 가진 사람은 스스로 행복해지고 상대방을 행복하게 만들 수 있어요. 이렇게 따뜻한 마음은 서로가 행복해지고 세상을 더 좋게 만듭니다. 마치 집안 구석구석을 따듯하게 만드는 보일러처럼 말이죠.

당신은 분명 사랑의 가치를 아는 사람이다

모두가 사랑을 안고 태어나지만 세상의 어려움으로 사랑의 따뜻함이 사라져 가기도 해요. 때로는 주변 사람들이 적으로 느껴질 때도 있죠. 이런 감정이 계속되면 세상과 싸워야만 하는 느낌이 들어 힘들어질 수 있어요. 그래서 사랑의 마음을 잃지 않도록 노력하는 게 중요해요. 사랑은 지식이나 지혜로만 얻을 수 있는 게 아니에요. 직접 느끼고 경험해야만 전할 수 있는 감정이에요.

한 현자는 "무지의 반은 사상을 나누며 얻을 수 있고 다른 일부는 철학적 탐구로, 나머지는 내면을 되돌아보며 깨닫는다"라고 말했어요.

사랑도 마찬가지죠. 직접 느끼지 않은 사람에게는 아무리 설명한들 이해할 수 없어요. 사랑은 진정으로 그 감정을 아는 사람만이 전할 수 있어요. 그런 사람이 있기에 세상은 아름답고 인류는 계속해서 희망을 갖게 되는 거죠. 그 사람이 당신이라는 것을 잊지 마세요.

직접 느끼지 않은 사람에게는
아무리 설명한들 이해할 수 없어요.

사랑은 진정으로 그 감정을 아는 사람만이
전할 수 있어요.

상처를 주고받으며 성숙한다

인간관계가 나무와 가지의 관계와 닮았다는 것은 흥미로운 비유입니다. 나무로부터 떼어진 나뭇가지는 분명 다른 나무들과의 연결을 잃게 됩니다. 그것은 외부적인 힘에 의해 나무에서 떨어져 나오는 것과도 유사합니다. 그러나 인간관계에서는 다르죠. 사람들은 자신의 욕망이나 성격 등으로 주변 사람들과의 연결을 끊을 수 있어요. 더욱 안타까운 것은 자신의 잘못을 부정하고 주변 사람들을 탓하는 경우입니다.

하지만 사람들로부터 격리되었다고 모든 것이 끝나는 것은 아닙니다. 여전히 사람들은 그를 받아들일 준비가 되어 있어요. 그러니 잘못을 했다면 스스로 잘못을 인정하고 반성하며 이웃과 협력하기 위해 노력해야죠. 이런 마음가짐이라면 기회는 다시 올 것이며 다시 세상의 일부로 함께할 수 있을 겁니다.

하지만 처음부터 나무와 함께 호흡하고 성장한 가지와 나무로부터 분리되었다가 다시 연결된 가지는 절대 같을 수 없어요. 이러한 차이를 받아들이고 스스로 그것을 인정하고 수용해야 합니다. 그것은 죄악에 대한 대가입니다. 하지만 열심히 노력하면 언젠가는 그 차이가 점점 줄어들고 언젠가는 진정한 나무의 한 부분이 될 수 있을 겁니다.

그러나 격리가 반복되면 더 이상의 기회는 없습니다. 영원히 외롭게 살게 되며 후회해도 더 이상 들어줄 사람은 없죠. 이런 실수가 자주 반복된다면 점점 기회를 잃게 됩니다. 결국은 그것이 끝이 될지도 모릅니다. 그러니 자신을 되돌아보고 끊임없이 성장하고 반성하는 삶을 살아가야 해요.

사람의 마음을 파악하기란 어려운 일이다

사람의 마음속을 알아차리는 건 어려운 일이죠. 그래서 대개는 먼저 상대방의 외적인 모습이나 보이는 부분을 보고 그 사람을 평가하기 마련이죠. 그리고 서로 지내다 보면 조금씩 마음을 엿볼 수 있죠. 그렇다고 정말로 상대방의 마음을 온전히 이해하거나 깊이 파악하기란 여전히 쉽지 않아요. 게다가 우리 자신조차도 내 마음을 모르는데 어찌 상대의 마음을 알까요.

상대방의 마음을 온전히 이해하거나
깊이 파악하기란 여전히 쉽지 않아요.

자신조차도 내 마음을 모르는데
어찌 상대의 마음을 알까요.

귀는 열고 입은 닫아야 한다

귀는 우리 얼굴의 측면에 고정되어 있어요. 다른 부위들과는 달리 이것이 우리의 머리 옆에 있다는 사실로 인해 몇몇 사람들은 거짓말이나 악의 소리가 쉽게 들어온다고 생각해요. 하지만 그것은 마음이 깨끗하지 않은 사람들에 한해서이고 대부분의 경우 귀는 우리에게 매우 소중한 기능을 하고 있죠.

우리의 영혼이 쉬고 있는 동안에도 귀는 항상 열려 있으면서 자연과 우주의 소리를 수용합니다. 또한 거짓과 악이 우리의 영혼을 침범하려 할 때 영혼을 지키는 파수꾼 역할도 해요. 눈과는 달리 귀는 모든 것을 흡수합니다. 눈은 한번 본 것을 다시 볼 수 있지만 귀는 그렇지 않아요. 한번 지나간 소리는 다시 듣지 못합니다. 듣게 된다 하더라도 그것은 이전과 똑같지 않죠.

  현명한 사람은 입을 굳게 다물어 사람을 얻고 귀는 넓게 열어 세상의 지혜를 받아들여야 한다는 걸 알고 있어요. 귀를 통해 듣는 것은 매우 중요하며 그것이 우리가 세상을 이해하고 배우는 데 큰 역할을 한답니다.

한번 내뱉은 말은 되돌아오지 않는다

한번 내 혀에서 떠난 말은 되돌릴 수 없어요. 좋은 말이면 아무런 문제가 없겠지만, 나쁜 말은 상대방에게 상처를 줄 수도 있고, 무모하게 내뱉은 말은 후회로 돌아온답니다. 그래서 그 말을 하기 전에 자주 되새김질하면서 그 말이 입 밖으로 나가도 괜찮은지 고민해야 해요.

당신의 입과 혀는 맛있는 음식을 맛보고 말을 씹고 되새김질하는 데에만 사용해야 해요. 그리고 너무 많은 말은 삼가고, 필요한 말만 하도록 노력해야 해요. 우리의 혀는 뱀처럼 사악하다고 할 수 있어요. 그래서 혀끝에 독이 있다고 해요. 그것을 항상 기억하고 조심스럽게 말을 선택하고 해야 한답니다. 이게 바로 현명한 삶을 살기 위한 길이에요.

한번 내 혀에서 떠난 말은 되돌릴 수 없어요.
우리의 혀는 뱀처럼 사악하다고 할 수 있어요.

조심스럽게 말을 선택하고 해야 한답니다.
이게 바로 현명한 삶을 살기 위한 길이에요.

따듯한 위로가 상대를 변화시킨다

누군가의 입이나 겨드랑이에서 냄새가 나는 상황을 경험한 적이 있나요?

이때 당신은 화를 냈나요? 윽박지르며 비난을 했나요? 그렇다면 그로부터 얻을 수 있는 혜택은 무엇인가요? 아마도 그다지 많지 않을 겁니다. 혹시 그 냄새를 그가 선천적으로 갖고 태어난 건 아닐까요. 그러면 그 사람에게 그것을 바꾸라고 요구한다면 그는 당황할 것입니다.

상대방 또한 충분히 이성적인 사람이기에 알고 있을 겁니다. 자신의 몸에서 냄새가 난다는 사실을. 하지만 이성만으로는 그것을 바꿀 수 없어요. 그것은 본성에 가까운 부분이기 때문이죠.

하지만 만약 개선할 방법이 있거나 개선의 의지가 있다면 그것을 지적하고 깨닫게 해주세요. 물론 따뜻한 위로와 함께 도움을 주세요. 상대방이 당신의 도움을 받아들인다면 양쪽 모두에게 좋습니다.

삶과 나란히 걷는 배움

인생은 모험이자 발견의 여정이다. 두려움에 맞서고 새로운 경험을 통해 성장하며 자신을 발견하는 것이 삶의 가치다.

- 마크 트웨인

하루는 작은 일생이다.
아침에 잠이 깨어 일어나는 것이 탄생이요,
상쾌한 아침은 짧은 청년기를 맞는 것과 같다.
그러다가 저녁, 잠자리에 누울 때는
인생의 황혼기를 맞는 것이라는 것을 알아야 한다.

- 쇼펜하우어

우주 만물의 주인은 우리가 아니다

사람들은 때로 모든 것을 다 가진 듯한 착각에 빠지곤 해요. 사람은 다른 생명체들과 비교해서 매우 특별하고 뛰어난 존재라고 생각하는데 이것은 사실이 아니에요. 사람들은 모든 것을 가진 것이 아니라 일시적으로 사용할 수 있는 것들을 빌려서 쓸 뿐이죠.

예를 들어 하늘은 영혼을 우리에게 내려줬고 공기는 숨을 쉴 수 있게 해주고 자연은 음식을 제공해 줘요. 태양은 따뜻함을 주고 바다는 우리에게 평온함을 전달해 줘요. 하지만 이것들은 모두 일시적이에요. 우리의 행동에 따라 이 모든 것이 사라질 수 있어요. 우리에게 완전히 속해 있는 것은 없어요.

특별하다고 착각하지 말고 그저 고마운 마음으로 세상 모든 사물을 대해야 해요. 우리들만의 세상이 아니라 더불어 사는 세상이니까요. 서로 조화를 이뤄야 더욱 서로가 빛나니까요.

보이지 않는 것에도 신경 써야 한다

정원의 꽃을 키우는 일이나 애완견에게 예쁜 옷을 입히는 것도 매우 아름답고 멋진 활동입니다. 하지만 그보다도 먼저 우리 자신을 돌보고 꾸미는 것이 중요하죠. 아름답고 매력적인 외모는 신뢰와 존경을 얻을 수 있는 첫걸음입니다. 그렇다고 화려함만을 추구해선 안 됩니다. 외모로 얻은 점수를 유지하기 위해서는 말의 신중함과 행동의 품위도 뒤따라야 합니다.

말을 할 때는 존경과 사랑의 언어로 예의를 지켜야 하며 행동할 때는 바르고 친절하게 표현해야 합니다. 물론 말의 신중함과 행동의 품위를 갖춘다는 게 쉬운 건 아닙니다. 시간이 필요한 것이죠. 말과 행동은 습관으로 만들어지기 때문에 끊임없이 연마해야 합니다.

아름답고 매력적인 외모는
신뢰와 존경을 얻을 수 있는 첫걸음입니다.

외모로 얻은 점수를 유지하기 위해서는
말의 신중함과 행동의 품위도 뒤따라야 합니다.

그들은 벼랑 끝에서도 나를 위해
함께할 사람이다

아버지와 어머니는 누구일까요? 단순히 정의 내릴 수는 없죠. 하지만 분명한 것은 그들은 신에 버금가는 위대한 존재라는 사실입니다. 아버지와 어머니는 우리를 위해 무거운 희생과 시련을 감수하며 살아가고 계십니다.

그들이 우리를 위해 기꺼이 견디고 희생하는 것에 비해 우리가 과연 그들에게 줄 수 있는 의미와 가치가 충분한지 생각해 봐야 해요. 우리가 얼마나 큰 의미를 가졌고 그만큼의 희생을 감당할 만한 가치가 있는지를 돌아봐야 한다는 거죠.

우리는 왜 그들이 그런 희생을 감수하고 새벽에 눈을 비비며 힘든 일을 하는지를 생각해 봐야 합니다. 우리는 왜 그들이 물에 빠진 자식을 위해 목숨을 걸고 바다에 뛰어드는지 생각해 봐야 합니다. 그들은 우리에게 조금 더 좋은 것을 주고자 힘든 하루를 견뎌내며 일하고 계십니다. 우리는 자신만을 생각할 뿐인데 그들은 다릅니다. 그들의 마음속에는 우리, 자식들만이 존재하는 것 같습니다.

언젠가는 우리도 그들이 걸어온 그 희생과 사랑의 길을 따라가게 될 것입니다. 그들은 우리에게 바라는 게 없습니다. 오직 우리가 행복하게 잘 지내길 바랄 뿐입니다. 우리는 그들에게 무엇을 해줄 수 있을까요? 그것은 크고 복잡한 일이 아니라 작고 소중한 일일지도 모르죠. 지금 이 순간 우리가 할 수 있는 작은 일들을 하나씩 실천해 봅시다.

그들에게 전화를 걸어보세요. 오늘 하루 그들에게 사랑한다는 말 한마디 전해보세요. 용서를 구하고 그리고 감사의 마음을 전해보세요. 우리가 얼마나 그들을 사랑하는지 그 마음을 표현해 보세요. 작은 일 하나가 그들에게 큰 위로가 되고 삶의 이유가 될 수 있어요. 바로 지금입니다. 우리의 사랑을 그들에게 전달해 봅시다.

그들의 마음속에는 우리,
자식들만이 존재하는 것 같습니다.

분명한 것은 그들은 신에 버금가는
위대한 존재라는 사실입니다.

스스로 결정하는 통찰력이 필요하다

누구나 진정한 친구를 곁에 두고 싶어 하는 마음이 있죠. 하지만 진정한 친구를 찾고 유지하기 위해서는 스스로 선택하고 노력해야 합니다. 좋은 선택을 위해서는 마음과 함께 통찰력을 발휘해야 하죠. 가벼운 사교를 함께하는 친구는 우연히 만날 수 있지만 오래가는 친구는 노력과 시간이 필요합니다.

현명한 사람은 현명한 사람을, 무지한 사람은 무지한 사람을 끌어들입니다. 그리고 끌리는 감정이 우정이 아닐 수 있다는 것을 명심해야 합니다. 잠시 즐거움을 나누는 감정일 수도 있으니까요.

진실한 우정과 그렇지 못한 우정이 있습니다. 진실한 우정은 서로 생각과 행동을 공유하며 아름다운 결심을 세우지만 진실하지 못한 우정은 불행을 가져올 수 있습니다.

통찰력을 발휘해서 영원히 함께할 수 있는 친구를 선택하세요. 진정한 친구 한 명이 수많은 사람의 호의보다 더 큰 가치를 지니기 때문에 선택은 우연에 맡기지 말고 스스로 결정하세요.

섣불리 말하지 않는 게 중요하다

한번 신뢰가 확인되면 그 사람을 믿어야 한다는 말이 있어요. 하지만 아직 신뢰가 확보되지 않은 사람을 너무 쉽게 신뢰하거나 사랑하지 말아야 해요. 상호 신뢰는 서로를 오랜시간 동안 이해하고 믿음을 쌓아가는 과정에서 나타나거든요. 그래서 상대방의 달콤한 말에 너무 쉽게 속지 않는 것이 중요해요. 누군가를 속이는 건 정말 비열한 짓이라고 하죠.

그렇다고 그 사람이 거짓말을 한다고 바로 비난하거나 핀잔을 주는 건 조심해야 해요. 너무 급하게 그를 사기꾼으로 몰면 상대방을 상처 주고 분노를 일으킬 수 있어요. 그러니 당장 상대방의 말을 믿을 수 없다고 하더라도 너무 급한 판단은 피하는 게 현명한 방법이에요. 만약 그렇게 했다가는 둘다 어려움을 겪게 될 거예요.

의심하지 않으면서도 조금은 주의를 기울여 주는 것이 좋아요. 말뿐만 아니라 행동으로 상대방에게 호의를 베풀어주면 어떤 불상사도 피할 수 있어요. 그러니 조금 기다려주세요. 확신이 생긴 후에 조심스럽게 말하는 게 좋아요. 아직 늦지 않았답니다.

타인의 고통에 관심을 가져야 한다

세상의 속도와 우리 마음의 속도는 종종 다르다는 것을 알아야 해요. 불행이 찾아와서 가슴 한구석을 아프게 만든다면 그건 아주 당연한 일이죠. 그러나 그 불행은 세상에서는 큰 관심을 끌지 못할 수도 있어요. 사람들은 서로의 고난과 슬픔에 대해 깊게 알지 못하거나 알아보려 하지 않기도 해요. 그들은 자신의 일상을 살아가며 계속해서 웃고 일하고 노는 것을 선호합니다. 이런 건 기억해야 해요. 세상은 불행이 닥쳐도 여전히 돌아간다는 거죠.

불행에 잠긴다고 해서 세상이 멈추는 것도 아니에요. 사실 이러한 사실에 실망하고 원망하기보다는 과거에 우리가 남의 불행에 얼마나 관심을 기울였는지를 생각해 보는 게 중요하겠죠. 우리 자신이 다른 이의 어려움에 관심을 기울였던 적이 얼마나 있었나요? 아마도 그때 우리 마음은 조금 차가웠던 적이 많았을 수도 있어요. 이런 생각을 하면서 우리는 세상에 조금 더 따뜻함을 전할 수 있게 될지도 모르겠어요. 마음을 열고 다른 이의 고통에 귀 기울이면 더 따뜻한 세상을 만들 수 있을 거예요.

잘못을 저지른 사람에 대해 생각해야 한다

거침없이 나무라거나 모욕하지 않는 게 중요해요. 그렇게 하면 상대방은 오히려 더 방어적이 되고 자신의 잘못을 인정하려 하지 않을 거예요. 잘못을 저지른 사람에게 부드럽게 지적하는 게 어렵다면 그럴 때는 관용심을 가지는 게 중요해요. 신이나 자연도 우리에게 많은 관용을 베풀어줍니다. 우리가 실수를 해도 자연은 우리를 이해하고 똑같은 사랑과 기쁨, 식량을 준답니다. 자연은 참으로 넓고 관대한 존재라고 할 수 있어요. 우리도 충분히 그럴 수 있죠.

다른 사람의 잘못을 넓은 마음으로 이해하는 것이 중요해요. 누군가가 용서하지 말아야 한다고 말하더라도 우리가 관용을 베풀면 우리는 고귀한 마음을 가진 사람이 되는 거예요. 그런 마음을 막을 수 있는 사람이 어디 있겠어요?

용서는 쉽지 않은 일이다

때론 용서하기 힘든 상황도 있죠. 신은 이렇게 말했어요. "너를 모욕한 자를 용서하라." 이 말은 진리일 수 있지만 때로는 용서할 수 없는 마음으로 괴로울 때가 있어요.

복수심을 품거나 미움을 키우면 마음을 해치고 영혼을 손상시키죠. 하지만 때로는 용서할 준비가 되지 않은 경우도 있어요. 그럴 때는 강제로 용서하는 게 아니라 "이번은 용서하지만 나는 결코 잊지 않을 거야"라는 식으로 어떤 사람을 용서할 수 없다고 말하는 것도 한 방법이에요.

위선적인 용서는 오히려 해로울 수 있어요. 실제로 마음 깊은 곳에서 용서할 준비가 되지 않았다면 그냥 시간을 가지고 마음을 다듬는 게 더 도움이 됩니다. 마음속에서 진정한 용서를 찾을 때까지 시간을 자연스럽게 흘려보내세요. 진정한 용서는 강요하는 게 아니라 자연스럽게 이뤄져야 하니까요.

모든 사람은 욕망을 갖고 있다

사람의 마음을 움직이는 기술에 대해 이야기하려 합니다. 이를 위해서는 상대방이 무엇을 원하고 무엇을 중요시 여기는지를 파악해야 해요. 그가 우상을 섬기는지 명예를 중시하는지 눈앞의 이익을 추구하는지 아니면 쾌락을 추구하는지 알아야 해요. 다시 말해서 상대방이 마음 깊은 곳에서 무엇을 원하는지를 간파해야 한다는 거죠. 이를 안다면 상대방을 쉽게 움직이고 내 편으로 만들 수 있어요. 모든 사람은 자신의 욕망을 충족시켜 주는 사람에게 취약하고 친근함을 느낍니다.

악한 자들에겐 오히려 강하게 나가야 한다

악의를 품은 사람들은 항상 다른 사람의 약점을 찾죠. 당신이 슬퍼할 때 그들은 기쁘고 당신이 화낼 때 그들은 즐거워해요. 그래서 아프고 상처받는 것이 그들에게는 기쁨이 되죠. 그런 사람들은 당신을 노리고 있어요. 그렇다고 약점을 굳이 감출 필요는 없어요. 오히려 당당하게 그들과 대면하세요. 위축되거나 자꾸 피하게 되면 오히려 자신만 더 작아져요. 맞서 싸우겠다는 각오로 자신 있게 자신의 모습을 보여주세요. 강하게 나가면 그들은 금세 꼬리를 내린답니다.

악의를
품은 사람들은
항상 다른 사람의
약점을 찾죠.

당당하게
그들과 대면하세요.
그들은 금세
꼬리를 내린답니다.

자신의 욕망의 본질을 점검해야 한다

사람들은 시간이 지날수록 욕망이 더 높아지는 경향이 있어요. 처음에는 부유함을 갈망하고 그다음에는 건강을 소망하게 되죠. 그리고 편안하고 안락한 삶을 추구하다가 모든 것을 갖게 되면 마지막으로 명예를 원하는 경우가 많아요.

자신을 남보다 우월하게 여기는 사람은 주변 사람들의 존경을 아주 중요하게 생각해요. 명예가 돈으로 살 수 없는 값진 것이기 때문에 만약 주변 사람들에게 존경받지 못하면 답답하고 분노를 느낄 수 있어요. 그래서 종종 다른 사람들을 미워하고 증오하게 될 수도 있어요.

하지만 그들은 이런 감정을 멈출 수 없어요. 그들은 명예를 얻기 위해 다양한 방법을 동원하죠. 종종 자신이 진짜로 가진 것보다 더 나은 모습을 보이려고 하며 가짜로 너그러움을 표현하거나 거짓된 웃음으로 자신을 꾸미기도 해요. 때로는 다른 사람들을 멸시하거나 인간다운 대우를 하지 않을 때도 있어요.

이런 노력 끝에 그들은 명예를 얻게 되지만 그 결과로 자신의 인생을 잃는 경우도 있어요. 그래서 우리는 항상 자신의 욕망을 돌아보고 무엇이 진짜 중요한지를 고민해야 해요. 그것이 진정한 행복을 찾는 길이 될 거예요.

나의 열매로 세상을 이롭게 하자

집안이 가난해서 출세를 하지 못한다고 투덜대거나 못난 외모 때문에 손해 봤다고 부모님을 원망하기도 하죠. 하지만 그게 바로 모든 것을 결정짓는 중요한 이유는 아니에요. 그런 마음가짐으로는 풍요로운 삶을 살기 힘들 거예요.

인생을 풍요롭게 키우려면 주어진 환경을 원망하거나 불평하지 않아야 해요. 그리고 무작정 먹고 놀기보다는 의미 있는 일에 집중하는 게 중요해요. 삶의 가치를 높이고 아름다운 열매를 맺기 위해서는 매일을 소중히 여기고 내면을 세심히 다듬고 키워야 해요.

이런 삶을 살면 나무는 아름다운 열매를 맺게 되고 당신의 행동으로 사람들은 위로를 받고 신뢰를 얻어 행복을 느낄 거예요. 당신이 지금 가지고 있는 열매는 무엇인가요? 그 열매가 더 나은 세상을 만들어가는 데 기여할 수 있을 거예요.

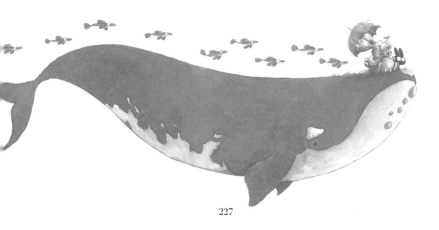

생각을 행동으로 옮기는 게 최고의 용기다

이미 성공을 이룬 사람과 성공을 향해 달려가는 사람의 가장 큰 차이점은 용기라고 할 수 있어요. 여기서 이야기하는 용기는 생각을 실제로 행동으로 옮기는 것이에요. 우리는 학식과 지혜, 고귀함과 진실, 희망과 행복을 갖고 있을 수 있지만 그것들을 실천에 옮기지 않으면 그 자체로는 아무 가치가 없게 되죠.

용기가 없는 삶은 가을이 와도 수확할 만한 것이 없는 것과 같아요. 마치 건조하고 황량한 사막과 같아요. 용기란 다른 것이 아니에요. 생각한 것을 곧장 행동으로 옮기는 것이죠. 생각과 행동 사이의 시간을 최소화하는 것이 중요해요.

생각하는 대로 즉시 움직이는 것, 그것이 진정한 용기이자 멋진 삶을 사는 방법이에요. 그것이 우리가 세상에서 원하는 것을 이루고 우리가 꿈꾸는 성취를 얻는 방법이기도 해요. 결국 용기는 우리가 상상한 것을 현실로 만들어내는 힘이 되어 준답니다.

지식은 삶을 이해하고 조작하는 열쇠다

지식은 무엇일까요? 지식은 위험에 빠졌을 때 그 해결책을 찾는 데 도움이 되기도 하고 마음이 혼잡할 때 정신을 가다듬는 데 도움이 되기도 합니다. 그리고 삶의 길을 잃었을 때 다시 시작할 수 있는 용기를 주기도 합니다. 그래서 사람들은 지식을 얻기 위해 열심히 노력하죠.

하지만 지식을 얻으려는 노력이 너무 성급하면 안 됩니다. 지식은 일종의 여정이며 우리가 경험을 하고 배우며 성장하는 과정에서 오는 거예요. 지식은 순간적인 게 아닙니다. 마치 가시밭길을 걷거나 사막을 횡단하는 것처럼 시간과 노력이 필요합니다.

지식은 특별한 왕관이나 장식이 아닙니다. 그것은 부자의 보물 같은 것도 아니에요. 진정한 지식은 권력과 돈으로 얻을 수 없어요. 그것은 책에만 나오는 게 아니라 우리 자신의 경험과 체험을 통해 나오는 것이죠. 책 속에서 얻는 지식도 소중하지만 그것만으로는 충분하지 않아요. 우리가 살아가며 느끼고 경험하며 행동해야 진정한 지식을 얻을 수 있어요. 그러한 진짜 지식은 우리 자신의 것이 되며 그것을 통해 우리는 세상을 더 잘 이해할 수 있게 됩니다.

내가 먼저 나의 소중한 것을 줘야 한다

당신을 깊게 이해하고 당신의 장점과 단점을 모두 알아주는 사람이 있나요? 당신의 아픔을 안아주고 앞날을 응원해주는 사람이 있나요? 그런 사람이 있다면 분명히 그는 당신이 어려운 순간에 빠졌을 때 기꺼이 당신에게 손을 내밀어줄 거예요. 또한 당신이 성공을 맛봤을 때도 진심으로 박수 치며 당신을 칭찬하고 존경할 거예요. 더불어 그는 당신의 내일이 오늘보다도 더 밝고 아름답기를 진심으로 바랄 거예요.

그 사람은 당신이 선택한 길에 대해 따지거나 비난하지 않고 당신의 장점을 더 중요하게 생각하고 당신이 범한 실수보다 미래의 가능성을 더 믿어줄 거예요. 그는 지나간 일에 머물지 않고 앞으로 다가올 날들을 기대하며 서로를 믿고 의지할 거예요.

이 사람은 가끔 당신의 거짓말도 넘어가 주고 그 위에 믿음과 신뢰라는 튼튼한 기둥을 세워줄 거예요. 또한 자신의 소중한 것들을 당신에게 맡기고 자신의 꿈마저도 나눠줄 거예요.

당신은 그런 소중한 사람을 가지고 있나요? 아니면 당신도 누군가에게 그런 사람인가요?

몸과 마음의 피로를 풀어야 한다

불행한 사람들의 공통점은, 그들 모두 피곤함을 느낀다는 거예요. 육체적으로도 그리고 정신적으로도 피곤해 보이죠. 불행이 사람을 지치게 만든 건지 지친 결과 불행을 불러온 건지는 명확하지 않아요. 여하튼 마음과 몸이 지친다면 일상의 모든 일에 흥미를 느끼기란 쉽지 않아요.

외부에 대한 흥미가 줄어들면 우리는 행동에 나서기도 힘들어져요. 그 결과 마음은 끊임없는 불안의 루프에 빠지고 편안한 시간마저 편안하지 않게 느껴지기도 해요. 잠도 이룰 수 없죠. 이런 상황이 지속되면 감정의 조화가 흐트러지고 마음의 평화를 잃게 되죠.

피로는 모든 질병의 근원이자 결과이기도 해요. 피곤해지면 좋지 않은 일들이 계속해서 일어나게 돼요. 이런 악순환 때문에 삶과 영혼이 힘들어져요. 그래서 피로를 관리해야 해요. 체력을 키울 뿐만 아니라 쓸데없는 생각을 놓아줘야 해요. 그게 피로를 줄이는 데 큰 도움이 될 거예요.

일과 휴식을 관리할 줄 알아야 한다

하루가 마무리되면 하루 동안 있었던 일들을 깨끗이 잊을 수 있는 능력은 소중한 것입니다. 이런 사람들은 일이 끝난 후에도 마음이 여유롭고 새로운 일에 집중할 수 있는 능력이 높아집니다. 이렇게 되면 자연스레 피로를 덜 느끼게 되죠.

그들은 취미나 다른 흥미로운 일도 가지고 있어요. 하루 종일 일만 하는 것이 아니라 다양한 취미를 즐기는 사람들은 고민거리를 잠시 잊을 수 있어요.

운동 경기를 관람하거나 춤을 추거나 골프를 쳐도 이런 것들은 결코 비난받을 일이 아닙니다. 다양한 취미를 가지고 다양한 일을 즐기는 것은 오히려 마음의 여유를 가져다줘요. 또한 독서도 좋은 방법이에요.

일과 고민을 강물처럼 흘려보내는 것은 중요해요. 그렇게 하면 몸과 마음이 피로에서 벗어나 가벼워질 수 있어요. 하루의 스트레스와 일상의 고민을 물처럼 흘려보내면서 마음을 편안하게 하고 새로운 일에 다가갈 수 있는 기회가 생기는 거죠.

불행의 감정에 매몰되지 않아야 한다

불행이 우리 앞에 서 있을 때 어떤 마음가짐으로 대처해야 할까요? '왜 나에게 이런 일이 생겼을까?'라고 스스로를 탓하거나 비난하는 것은 필요하지 않아요. 누구나 어느 순간에 불행한 일을 마주하게 되는데 그저 그것이 당신에게 찾아온 것뿐이에요. 당신이 행복했던 때에도 누군가는 불행을 겪고 있었던 거예요.

그런 때에는 너무 깊은 고민에 빠져들지 말아야 해요. 고민할 시간에 흥미를 느낄 수 있는 다른 것들에 집중해 보세요. 그런 능력을 가진다면 이보다 더 값진 것은 없어요. 걱정해도 사실 해결책이 나오지 않을 거예요.

그 시간에는 친구와 함께 이야기를 나누고 바둑을 두거나 가벼운 소설을 읽고 웃어보세요. 혹은 천문학에 관심을 갖고 밤하늘의 별들을 바라보며 마음을 달래보세요. 그게 가장 좋은 방법이에요. 고민에만 빠져서 지난 불행한 순간에 머물러 있다면 그건 오히려 어리석은 선택이에요. 과거의 불행 속에 머물며 새로운 행복의 기회를 놓치게 되는 거죠. 버리는 순간 얻는 것이랍니다.

육체적인 상처를 입지 않도록 하자

물리적인 부분과 정신적인 부분은 우리 삶에서 서로 다른 역할을 합니다. 영혼이라는 부분은 종종 우리 자신을 괴롭히 거나 방해하지 않는 한 두려워할 필요가 없고 상처받을 일도 그리 많지 않아요. 하지만 우리의 육체는 그와는 다르게 작은 위험이나 미세한 공격에도 쉽게 상처를 입을 수 있어요. 그래 서 우리는 스스로의 안전을 위해 조심해야 하죠. 강한 의지력 을 갖고 있어도 육체적인 고통은 우리 혼자서 감당하기 힘든 경우가 많아요.

만약 육체적인 상처를 입게 되면 그것을 참지 않고 오히려 주변 사람들에게 표현하는 것이 중요합니다. 왜냐하면 육체 적인 상처는 우리 혼자서는 치유하기 어려울 뿐만 아니라 때 로는 타인의 사랑과 관심이 필요한 경우도 있기 때문이에요.

우리 모두는 자연의 일부다

물건이 마음에 들지 않는다면 그것을 버리면 되죠. 길 한복판에 가시덤불이 있으면 그것을 피해 가거나 누군가에게 위험이 되지 않도록 제거하는 거죠. 하지만 입술을 내밀며 이런 말을 하는 사람도 있어요. "이런 것들이 왜 생겼지? 하나도 쓸모없어!"

만약 여러분이 이렇게 말했다면 주변 사람들로부터 비웃음과 비난을 받을 수도 있어요. 왜냐하면 그 말은 마치 목공이 작업장에 톱밥이 어지럽게 널려 있다고 불평을 하는 것과 비슷하기든요. 목공이 쓸모없는 것을 어떻게 처리해야 할지 알고 있듯이 자연도 쓸모없는 것들을 아주 잘 처리한답니다.

자연은 노쇠하거나 쓸모없어진 것들을 다시 새로운 것을 만들기 위한 좋은 재료로 활용해요. 자연은 모든 것을 받아들이고 창조해 내거든요.

　그러므로 우리는 이 세상에 나온 모든 것이 가치가 있다고 생각해야 해요. 또한 자연에 감사하고 아끼며 그 위대함을 인정해야 해요. 자연에서 나온 작은 씨앗 하나도 바람 한 점도 모두 중요하니까요. 그것들을 무시하거나 얕보면 우리 자신을 부정하는 것과 같아질 거예요. 우리 모두 자연의 일부분이니까요.

10대를 위한 쇼펜하우어

초판 1쇄 인쇄 2024년 2월 13일
초판 1쇄 발행 2024년 2월 20일

편 저 | 김현태
펴낸이 | 김의수
펴낸곳 | 레몬북스(제396-2011-000158호)
주 소 | 경기도 고양시 덕양구 삼원로73 한일윈스타 1406호
전 화 | 070-8886-8767
팩 스 | (031) 990-6890
이메일 | kus7777@hanmail.net

ISBN 979-11-91107-45-6 (43100)